A ESPERANÇA CRISTÃ

DEUS GARANTE!

Este livro é uma gratidão a Deus por minhas bodas de ouro sacerdotal como Redentorista.

Obrigado, Senhor, por tudo que pude realizar com o Senhor e o apoio de meus irmãos. Fortaleça minha Esperança e meu Amor. Maria, abençoai--nos e protegei-nos.

PE. JOSÉ MARQUES DIAS

A ESPERANÇA CRISTÃ

DEUS GARANTE!

Com novena, luto e orações de esperança

EDITORA
SANTUÁRIO

Dados Internacionais de Catalogação na Publicação (CIP) de acordo com ISBD

M357e Marques, José

A esperança cristã Deus garante! Com orações para fortalecer a esperança / José Marques. - Aparecida : Editora Santuário, 2021.
80 p. ; 14cm x21cm.

ISBN: 978-65-5527-149-2

1. Religião. 2. Cristianismo. 3. Esperança cristã. 4. Orações. I. Título.

CDD 240
CDU 24

2021-3700

Elaborado por Vagner Rodolfo da Silva - CRB-8/9410

Índice para catálogo sistemático:

1. Religião : Cristianismo 240
2. Religião : Cristianismo 24

1ª impressão

Rua Pe. Claro Monteiro, 342 – 12570-000 – Aparecida-SP
Tel.: 12 3104-2000 – Televendas: 0800 - 0 16 00 04
www.editorasantuario.com.br
vendas@editorasantuario.com.br

PREFÁCIO

Dom Orlando Brandes

Arcebispo de Aparecida

Está em suas mãos, querido leitor, querida leitora, um livro muito atual. Trata-se de mais uma obra inspirada de nosso mestre Pe. José Marques, missionário redentorista. Você vai se encantar até com o título do livro: *"A Esperança Cristã – Deus garante"*.

Todos sentimos a necessidade de esperança, coragem, ousadia e ânimo. É assim que vamos vencer o medo, a insegurança, a depressão, a ansiedade. A garantia da esperança é o próprio Deus em sua misericórdia, providência, bondade e sabedoria.

Os livros de nosso autor são verdadeiros remédios, bálsamos, alívios para nossas cruzes e para nossos sofrimentos. Sabe por quê? Porque são livros fundamentados na teologia, na espiritualidade, na fé e, também, são práticos, pastorais, concretos para nosso cotidiano.

Caro(a) leitor(a), leia, releia, divulgue este livro e você, também, estará ajudando tantos irmãos e tantas irmãs. Você também é um missionário(a) da divulgação da fé, da verdade, dos valores cristãos.

Quantas pessoas encontram-se com Deus por meio da leitura de um livro. Santa Teresa Benedita da Cruz (Edith Stein) deixou o judaísmo, abraçou o cristianismo, tornou-se monja carmelita e morreu no campo de concentração nazista. Tudo começou com a leitura do livro escrito por Santa Teresa de Ávila, no qual relata a história de sua vida. Assim, também, aconteceu com Santo Inácio de Loyola. Estava hospitalizado, recuperando-se de um tiro na perna. Leu a vida de São Francisco, de São Domingos, converteu-se, fundou a Companhia de Jesus – os Jesuítas, e chegou à glória dos altares.

Abreviaturas

EN	*Evangelii Nuntiandi*, Paulo VI, 1975
	Redemptoris Missio, João Paulo II, 1990
DA	Documento de Aparecida, 2008
EG	*Evangelii Gaudium*, 2013
LS	*Laudato Si'*
	Conferência Nacional dos Bispos do Brasil
LEMIA	Leigos(as) em Missão na Paróquia
	Ano Nacional Laicato 2018
	Comunidades Eclesiais de Base
FV	Fé e Vida – Editora Santuário
	Unisinus: Site dos Jesuítas.

APRESENTAÇÃO

O maior desejo do ser humano é ser feliz. Buscamos a felicidade. Ansiamos realizar nossos sonhos. Procuramos nossas conquistas. Há quem diga que a felicidade também se compra e vende. Na vida há momentos cheios de felicidade e alegres, mas também outros não tão felizes. Mas no coração de todos só a Esperança dará a vitória. *A Esperança é a última que morre!*, diz o povo com razão.

Há acontecimentos marcantes: *a felicidades dos curados, - avanços científicos e médicos e o Setembro Amarelo* (alerta aos suicídios!). Há progressos importantes na vida humana. Não podemos ser negativos. E nós, cristãos, com mais razão, somos chamados a viver a Esperança e as promessas que Deus nos garante. *A Páscoa Cristã, festa da morte e Ressurreição de Cristo, é a fundamental segurança de nossa Esperança,* garantida por Deus; porque Cristo Ressuscitou e nós também vamos ressuscitar e participar da Vida Eterna.

Motivação

Os problemas gerais desafiam a todos, *enquanto humanidade e sociedade; e enquanto Igreja e comunidade de esperança.* No início de 2020, a humanidade se viu às voltas com um novo vírus, que, rapidamente, mostrou sua força e espalhou terror, medo e pavor pelo mundo, levando *apreensão, insegurança, doença, sofrimento, desemprego e milhares de mortes.*

"Vivemos tempos sombrios, onde as piores pessoas perderam o medo e as melhores perderam a esperança" (Hanna Arendt).

Passamos a maior parte de nossa vida esperando. Poderíamos dizer que a maior parte de nossa vida não é vivida no espantoso terror da *Sexta-Feira Santa* ou na alegria suprema do *Domingo de Páscoa,* mas em algum lugar entre os dois. A maior parte de nossa vida, então, *passamos no Sábado Santo*: esperando, ansiando, imaginando. Esperamos que as coisas melhorem. Esperamos que a vida mude.

A espera cristã é mais do que uma espera cega, como se não soubéssemos o que vai acontecer ou como se tudo dependesse do destino. A espera cristã supõe esperança. *Confie que a mudança é sempre possível, que há sempre uma nova vida no horizonte e que nada é impossível para Deus,* afirma Pe. James Martin SJ. *(In: UNIS 24/3/21)*

Em meu trabalho pastoral, entendi que devia escrever sobre a **Esperança**, pois, apesar das dificuldades, a esperança deve animar e fortalecer nossa caminhada e ajudar a muitos. Pretendo dar uma visão teológica, pastoral, com as orações para fortalecer a esperança.

Este livro ***tem 4 partes***:

Na primeira parte, apresento algumas realidades desafiadoras.

Na segunda parte, falo do rosto humano e divino da Esperança, Esperança no catecismo e na Bíblia. Do Pai de Jesus, que pede nossa responsabilidade, e da ação do Espírito Santo, Senhor que dá a vida.

Na terceira parte, falo das Propostas Pastorais e evangelizadoras da Igreja e da CNBB. Vida Religiosa e Esperança, Esperança e Luto. E sobre a Economia de papa Francisco e outros.

Na quarta parte, são orações de esperança: Novena de Nossa Senhora da Esperança, Bem-aventuranças atualizadas, Dons do Espírito Santo, Oração de São Francisco explicada e Mistérios Gloriosos da Esperança.

Algumas perguntas para motivar mais sua leitura:

1. *Que lições temos a aprender?*
2. *Por que a Esperança é representada por uma Âncora?*
3. *Para que serve a Esperança?*
4. *Quando morremos acaba tudo? O luto?*
5. *O Espírito Santo dá força e coragem em nossa vida?*
6. *Maiores desafios pastorais e econômicos?*

Atitudes marcantes na atualidade

Acredito que são muitas as "realidades desafiadoras", que questionam nossas existências e nossa realidade de vida. Mas quero realçar três atitudes, que são centrais.

a) Apavoramento geral. É, sem dúvida, a maior e mais global calamidade, depois da Segunda Guerra Mundial. No Brasil, criou-se o maior clima de terror, medo e pavor; bem como revelou-se *fortemente nossa hipocrisia, nossos limites e nossa deficiência social*. Milhares de pessoas foram contaminadas, milhares de pessoas perderam a vida, toda uma estrutura econômica e social foi desafiada, e nossas respostas se mostraram frágeis para o dilema, que *avançava e inquietava nosso ser e todas as perspectivas de entendimento e de futuro*. Teve quem pensasse estarmos no fim do mundo!

b) Naturalização da morte e ***banalização da vida.*** Essa é *a principal questão política de nosso tempo: "naturalização da morte e criação da que banaliza a vida!",* escreve Vilmar Alves Pereira, filósofo, doutor em Educação. Penso que estamos em um momento-limite, no qual corremos o sério risco da *naturalização da morte*, criando uma *cultura que banaliza a vida*. A repetição cotidiana que ceifa a vida de milhares de humanos não deve ser vista como normal. *"Não é uma gripezinha*!"

Essa é uma tarefa que não deve estar restrita a alguns especialistas, mas a *amplos movimentos coletivos*, que não aceitam o imperativo da morte e buscam alternativas *de luta, de defesa e de cuidado permanente com a vida*. Isso não é só uma discussão meramente ecológica e isolada. Ao contrário, essa é a principal *questão política e humana* de nosso tempo.

Não é o econômico, mas a vida que deve ocupar o primeiro lugar. Aqui nem é bom lembrar o *Racismo*, não só dos EUA, mas de outros países, e a morte de nossos indígenas e dos que lutam pelos *direitos humanos*. Quero deixar, como sugestão, o desafio reflexivo e educativo e o convite para reaprendermos *a cultura do valor fundamental da vida. (In: UNIS 3/12/20)*

c) Luta pela Vida e pela Esperança. Agora é a *luta de todos pela Vida e pela Esperança*. A vida é o valor fundamental. Por isso devemos estar unidos e juntos. Só a união nos salvará. Jesus para nos salvar veio viver no meio de nós e enfrentou tudo como qualquer um de nós. Assim devemos fazer, ir ao povo e ser um com eles, para alimentar nossa esperança e para responder ao chamado de um Reino que se faz na justiça, no amor e na paz. Somente assim é que tem sentido falar de um novo céu; pois *Deus não é um estranho, mas é alguém próximo, é alguém que partilha nossa vida, nossa história, nossa dor, nossas tristezas e esperanças.*

Vamos também olhar para os *milhares de heróis e mártires da Pandemia*. Um deles é o papa Francisco. Outro exemplo de esperança e coragem é o Pe. Júlio Lancelotte. É incrível a perseverança dele, nessa missão tão árdua *de* ***amar ao povo de rua***! É importante lembrar os milhares da área da saúde, pois muitos deram a própria vida. *"Quem tem um 'por que', encara qualquer 'como'",* dizia Nietzsche.

Se o maior problema humano é o "medo", a "Esperança" vencerá todo o Mal, todo medo e toda insegurança, porque Jesus está vivo e caminha a nosso lado. Perseverar é, realmente, um dom divino e requer cultivo e dedicação. *A Esperança é uma semente que Deus planta em nosso coração para nos dizer "Vai dar certo". Deus é que garante! Estou convosco todos os dias.*

Leia. Aproveite e divulgue. Você sentirá mais vontade de lutar e viver. O meu obrigado a D. Orlando Brandes, a Dra. Marilza Rinaldi, pelo lindo artigo sobre economia de Francisco, e a todos que me ajudaram.

O Símbolo cristão da Esperança é a "Âncora", que segura o navio e segura o Cristão firme em Jesus e Maria.

Pe. José Marques Dias
Missionário Redentorista

INTRODUÇÃO

IMPORTÂNCIA DA ESPERANÇA

A) O significado da palavra "Esperança"?

A palavra "Esperança", do latim *"sperare"*, significa olhar para uma meta. É um sentimento de quem vê como *possível a realização daquilo que deseja*. É o ato de esperar alguma coisa; e podemos dizer que é sinônimo de *confiança*.

A Esperança corresponde à aspiração de felicidade, colocada por Deus, no coração de todo homem. A esperança é o combustível da vida, e a forma de mantê-la viva é não prender os olhos nas tragédias, pois, a cada desgraça que contemplamos, corremos o risco de perder o combustível.

A esperança é a vacina contra o desânimo e contra a possibilidade de invasão do egoísmo, porque, apoiados nela, dedicamo-nos à construção de um mundo melhor. A perda da esperança endurece nossos sentimentos, enfraquece nossos relacionamentos, deixa a vida cinza, fazendo-a perder parte de seu sabor. Porém, todos os dias, somos atingidos por inúmeras situações que podem nos desesperar.

Vida sem esperança perde o sabor. Observamos que quem perde a esperança mais profunda, também perde o sentido de sua vida; sem esperança, viver não tem sentido. Quem cansou de tentar, cansou de lutar e desistiu de tudo. Quem perdeu a capacidade de sonhar viu o desejo de felicidade confundir-se com a utopia.

No catolicismo, a Esperança é a segunda virtude teologal (juntamente com a fé e a caridade), que induz a vontade a confiar na bondade e na onipotência divinas e a esperar na vida eterna pelos méritos de Cristo. Os primeiros cristãos a representavam como "uma âncora de salvação", à qual precisa se agarrar.

Para os cristãos, o ponto de partida e a fonte perene da esperança é Jesus Cristo, a Boa-Nova, que tem força para mudar o mundo, alimentando a alegria de servir e promover a vida. Como São Paulo dizemos: "A esperança não decepciona" (Rm 5,5). Não falamos aqui de qualquer esperança, mas da autêntica esperança, que não se apoia em ilusões e falsas promessas. Os horizontes da esperança devem iluminar o caminho que precisa ser percorrido para avançar e reconfigurar os mecanismos de funcionamento governamental, social, administrativo e cultural.

Sublinha o papa Francisco: "Para um tempo novo de esperanças, é preciso superar o mau humor e a resignação, que lançam a pessoa na apatia, produzem medos e a incompetência, que advém da convicção falsa de que não é possível impor limites ao mal". Diante da responsabilidade de reconstruir a sociedade, nenhum cidadão tem o direito de abdicar do esforço necessário para acender em si a chama da esperança. Felizmente, não existem motivos para desanimar. Ninguém tem o direito de apagar as chamas da esperança, valendo-se de *lamúrias, maledicências, apatias, preguiças e* mesmo da projeção de negatividades que forjam leituras pessimistas da realidade.

Também precisa assumir o compromisso de contribuir para iluminar o coração, a mente e a consciência do próximo com a chama da esperança. O passo primeiro, na avalanche de tantas informações ruins, é contar boas notícias. Que a chama da esperança, acesa em cada cidadão, pelas boas notícias que encantam e curam, possibilite novas dinâmicas e solidariedades, necessárias para se alcançar a almejada paz mundial e dissipar a corrupção que encharca a sociedade brasileira.

O Desespero é oposto da esperança, que é a perda, quase que total, da esperança. O desespero é um estado de extrema aflição, de descontrole, de angústia, irritação, furor. Ele é um estado doentio. E o desespero é capaz de corroer o coração. Não há mal pior para o homem que o desespero. Ele perde toda a esperança. Na linguagem popular se diz "comer pão que o diabo amassou"; reflete o sofrimento de alguém que passou por um grande desespero ou uma grande angústia. É o desamor.

Um dos fatos muito comuns no mundo de hoje e que causa grande desespero nas pessoas é a dependência química. Indivíduos dependentes de drogas transformam a vida das pessoas que convivem com ele, principalmente de suas famílias, em uma extrema aflição, em uma desesperação.

Há, ainda, os medos infantis que dificultam nossa autoestima e nossa esperança também.

B) A esperança, âncora de nossa vida

Quando os ventos sopravam e as ondas tornavam-se bravas, os surfistas dirigiam-se às margens, mas os pescadores mantinham suas posições. O que impedia que os barcos batessem contra as rochas? Não eram seus motores; eram **suas âncoras.** A Âncora é o grande símbolo da Esperança, sobretudo nos tempos difíceis.

A ancoragem do barco é importantíssima; pois, na verdade, seu barco passa mais tempo ancorado do que navegando. A âncora é o instrumento *capaz de manter a estabilidade dos barcos*, em meio às tempestades.

Cada terreno pede uma âncora adequada. Se você não souber ancorar seu barco, vai danificá-lo ou afundá-lo, bem como pode ferir ou matar pessoas, além de graves prejuízos financeiros.

Por isso, a **âncora** é considerada um símbolo *da segurança, da estabilidade, da firmeza, da força, da tranquilidade, da fidelidade e da Esperança.* E, com a âncora – símbolo da Esperança –, é bom lembrarmos ***o farol*** que mostra o caminho dos navegantes para o porto. Podemos comparar o *"Farol com Jesus"*, que é a Luz do Mundo e nos conduz *ao porto da eternidade.*

Significado da âncora na Bíblia?

Por *assemelhar-se* à *cruz*, a âncora já foi utilizada como símbolo do cristianismo primitivo e servia até como um disfarce para que *os cristãos se identificassem entre si*, na época em que eram perseguidos, caso manifestassem abertamente sua crença.

A âncora representava as virtudes inabaláveis da alma: *a esperança e a fé firme e segura*, como se pode constatar em Hebreus 6,19: *"Nós temos a esperança como uma âncora para a alma, firme e segura".*

A vida pode ser comparada às ondas do mar. Há altos e baixos, dias calmos e dias de tempestade, alegrias e lágrimas. Alguns tentam superar os tempos difíceis com seu empenho e sua determinação, apenas para se verem, às vezes, virados de cabeça para baixo e sucumbidos pela força do mar. Mesmo quando as ondas parecem calmas, há surtos que nos apanham de surpresa. Neste "*mar da vida*" todos precisamos de uma "âncora".

A necessidade primordial do ser *humano é a segurança*; a coragem é a *"força moral"*. Todos, crentes e não crentes, devem perguntar-se qual é a fonte da qual tirar aquela força moral para não se tornar "presos", para não perder a *confiança no ser humano, para acreditar na justiça, na dimensão política de estar juntos e lutar por um mundo mais justo.* E a busca pela resposta se *chama espiritualidade*. Muitos têm definido esperança *como uma expectativa do bem*.

A esperança mantém-nos no caminho seguro; ***A esperança é o fundamento seguro para nossa fé.*** "*Ora, a fé é o firme fundamento das coisas que se esperam...*" (Hb 11,1). É como uma rocha sobre a qual nos firmamos. Quer tenhamos calma e paz ou desespero profundo e solidão, a *esperança é aquele motorista que nos leva para casa,* à noite.

A esperança baseia-se na Palavra de Deus. Retenhamos firmes a confissão de nossa esperança; porque fiel é o que prometeu (Hb 10,23). A Palavra de Deus é inquestionável. Deus não pode mentir. Sua Palavra é sempre certa e verdadeira. Esta esperança, *"segura" e "firme"* (v. 19), é Cristo. Nele, podemos agarrarmo-nos, sem vacilar. "Minha alma espera no Senhor, nele está minha esperança", cantamos no salmo 25.

A esperança foi a razão para Jesus dar sua vida na cruz. "Olhando firmemente para Jesus, autor e consumador de nossa fé. Ele, pela alegria que lhe fora proposta, suportou a cruz, desprezando a afronta, e assentou-se à destra do trono de Deus" (Hb 12,2), tal como uma âncora não é visível quando está no oceano. Podemos não entender tudo o que acontece a nosso redor, mas podemos ter a certeza de que Deus está no trono e "que todas as coisas contribuem para nosso bem, daqueles que o amam" (Rm 8,28). Basta confiar.

O homem tem a tendência de ir aos extremos e a ser medroso. Mas, se nossa esperança não é firme e segura em Cristo, é fácil afastarmo-nos do caminho. Então, continue a olhar para Jesus, "o autor e o consumador de nossa fé" (Hb 12,2). Segurando firme na mão de Jesus, *nossa esperança não vacilará*. Jesus é *a âncora da Esperança*, mas é também *o Farol e o Porto da Vida*!

C) O mar e a vida

Esta poesia, entendo, cabe bem aqui, porque nos revela que as dificuldades vão ser vencidas pela Esperança.

Mar Português

Ó mar salgado, quanto do teu sal,
são lágrimas de Portugal!
Por te cruzarmos, quantas mães choraram,
quantos filhos em vão rezaram!
Quantas noivas ficaram por casar
para que fosses nosso, ó mar!

Valeu a pena? Tudo vale a pena
se a alma não é pequena.
Quem quer passar além do Bojador
tem que passar além da dor.
Deus ao mar o perigo e o abismo deu,
mas nele é que espelhou o céu.

(Fernando Pessoa. Edições Átila. Lisboa. 1959)

Farei um pequeno comentário. Esse poema fala de vitórias e de lutas, de conquistas e de esperanças. O herói desse poema é o povo português, que, apesar de tantos sacrifícios e de tanta dor, "conquistou" o mar. Esse processo de descoberta e de conhecimento tornou-se também de autodescoberta e de reconhecimento do povo português. E eu o sou.

"Quem quer passar além do Bojador, tem que passar além da dor. Deus ao mar o perigo e o abismo deu, mas nele é que espelhou o céu." Explicação: a travessia dos cabos "Bojador" e "Tormentas" foram muito difíceis pelas correntes e pelos ventos. Muitos ali morreram. Aqueles barcos pequenos, com mantimentos poucos e nem sempre com segurança, eram fortalecidos e engrandecidos pela confiança e vontade de vencer. Amanhã será melhor. *Só a Esperança nunca desanima, apesar de todos os problemas e perigos.*

"*Tudo vale a pena, se a alma não é pequena.*" Essa é uma das frases mais conhecidas de Fernando Pessoa; e seu significado é: A luta humana é difícil. Temos de ter esperança e coragem. Os desafios são imensos. A vitória (o céu) é dos que lutam por ela com coragem e esperança.

Todas as ações e todos os gestos, mesmo os mais simples e pequenos, são de enorme importância, quando feitos de alma e coração! Essa quer ser também *a mensagem deste livro*.

PARTE I

VER, JULGAR E AGIR

1. Esperança e problemas

A) Abusos na natureza

A natureza é uma bênção de Deus. Antes de mais nada*, devemos saber que Deus respeita a natureza,* que ele mesmo criou. Respeita as energias que ele infundiu neste nosso planeta e na criação. Mas *se nós não respeitarmos essas energias*, este pequeno planeta azul *castiga seus transgressores*:

– Destruímos a camada de ozônio que nos defendia.

– Queimamos as selvas, transformando-as em desertos.

– Os hidrocarbonetosh, retirados das entranhas da Terra, sufocam nossa atmosfera.

– As manipulações genéticas são realizadas há muito tempo, impossíveis de controlar.

– Os poderosos, a todo custo, querem continuar extraindo combustíveis fósseis: petróleo e carvão.

– As grandes selvas, fábricas do oxigênio que respiramos, estão sendo arrasadas.

– A Terra está superaquecendo e as geleiras estão derretendo...

– Toneladas de plástico apodrecem nos oceanos e sufocam suas vidas.

– Há cada vez menos água potável. Milhões de pessoas anônimas morrem de fome; uma estatística que nunca repassam para nós...

– Até onde está indo a manipulação genética? Não apenas de comida, mas de animais e de pessoas!

Que males esses abusos podem nos causar?

Pedaços de pulmões, intestinos e cérebro são arrancados da Mãe Terra. Como ela pode não ficar doente? Se o alto egoísmo do grande capital não mudar, *doenças piores ainda nos aguardam*. Ou *mudamos nossa mentalidade e nosso comportamento,* ou a grande maioria dos humanos sofrerá pandemias cada vez piores. Sim, é para ficarmos assustados com razão, *uma vez que os grandes egoísmos* e *sua ganância não estão dispostos a mudar*! Lembremos o que acontece *nas reuniões internacionais sobre o clima...*

B) Desafios e fé

No começo de 2020, *todo o planeta* foi atingido; foram dizimadas mais de seis *milhões de vidas*, sem poderem ser veladas e receberem o último carinho de seus familiares, além da *contaminação de outros milhões de pessoas*. Diante dessa situação, surge a *perturbadora pergunta*:

– Qual o sentido da vida? Por que todo esse sofrimento?

a) O que a natureza quer ensinar-nos com esse vírus invisível, que colocou de joelhos todas as potências militarista, tornando ineficazes suas armas de destruição em massa?

A duras penas, vamos aprendendo que *"A vida vale mais que o lucro"*;

"não é a concorrência, mas a solidariedade";

"não é o individualismo, mas a cooperação entre todos";

"não é o assalto aos bens e serviços da natureza, mas seu *cuidado e sua proteção"*;

"não é um estado mínimo, mas o estado suficientemente apetrechado para atender as demandas urgentes da população", como ensina papa Francisco. Dito diretamente: o que vale mais, *a vida* ou o *lucro? A natureza* ou a sua espoliação desenfreada? Nossa Esperança fica questionada.

Como um *meteoro rasante caiu sobre o sistema do capital e o neoliberalismo*. Seus slogans foram destruídos.

b) Deus não é o culpado

Deus não é o culpado dos atuais problemas e outros que poderão vir depois. Não, *a culpa não é Deus*, mas do *manuseio incorreto da natureza, do terrível egoísmo e da ganância imensa* de alguns. *Consentido e lisonjeado por nossas ignorâncias, nossa desunião e nossas irresponsabilidades*. Se nós, humanos, insistimos em fazer bobagens, Deus não nos impede: *Deus nos respeita com dor...*

Deus tudo criou, dando-lhe autonomia; um maravilhoso universo em evolução, de acordo com as energias programadas que ele mesmo lhe deu. O Criador é um engenheiro tão grande que ele não precisa dar novas ordens o tempo todo para que sua Criação continue trabalhando. O mundo é sabiamente automático, relativamente autônomo.

Portanto é absurdo pedir a Deus que coloque sua mão na *natureza* e mude, por um momento, algumas de suas forças motrizes. *As placas tectônicas* colidirem umas com as outras e causarem um terremoto é normal, e seria inconsistente pedir a Deus que uma casa, que fica na área, não seja danificada. *Se eu tocar em áreas infectadas, também serei infectado,* não importa quanta fé eu presuma ter*!*

– *Deus não é um mágico; não cura por mágica.* Ele não é surdo, nem vive isolado; não é necessário cutucá-lo, para que ele cuide de nós. Não é de forma alguma cruel. Crer que as doenças são enviadas por Deus para nos punir ou nos corrigir *é promover o ateísmo; esse Deus não existe.*

Não existe um *"mundo sem males"; isso é impossível e contraditório.* Querer tirar conclusões disso seria equivalente a dizer que Deus não é bom porque não quer *fazer quadrado de círculo* ou não é todo-poderoso porque não *faz ferros de roupa de madeira. A* religião *precisa atualizar a imagem que faz de Deus.* Sim, reconhecendo a *autonomia do mundo* e sabendo o que nele acontece *sempre tem uma causa intramundana. E o ateísmo* precisa ser consequente e não negar a Deus porque não interfere *nas leis físicas como não controla e respeita a liberdade humana.*

A *fé em Deus Pai* vem ao encontro do ser humano, da sinceridade, da pobreza e nos faz viver com *mais responsabilidade* a *solidariedade fraterna,* que nos une a todos contra o mal.

Como conclusão, lembrando os apelos do papa Francisco, na encíclica 'Laudato Si', repensemos a maneira como habitamos na *Casa Comum,* a maneira como *produzimos, consumimos e nos relacionamos uns com os outros e com a Natureza.* Ou nos sentimos humanos, iguais, na mesma *Casa Comum,* ou todos vamos afundar. Deus é o Senhor da História. (José L. Caravias, SJ. In: UNIS 28/03/2020)

C) Lições e aprendizados! (Julgar)

É nesse ambiente de tanta insegurança que nos perguntamos por que está acontecendo tudo isso? São fundamentalmente perguntas sobre o ***valor da pessoa humana***. Diante da vida de cada pessoa, o salmista pergunta-se: *"Que é o homem, para dele vos lembrardes, que é o ser humano, para o visitardes?... De honra e glória o coroastes"* (Sl 8,5). Cada pessoa é um *ser único e irrepetível; e isso é mais claro ainda nos gêmeos.* Mas por que nasci eu e não outro, nas milhões de possibilidades?! Ora como ninguém de nós pediu para nascer; entendemos, por isso, que nossa vida é o grande dom de Deus e uma escolha dele.

Cada pessoa vale mais que um milhão de estrelas. Sim, de fato, alguém quis que nós nascêssemos e viéssemos a este mundo. Os primeiros foram nossos pais e, com empurrão ou não, de nossos avós. Mas Deus está no comando de tudo.

Resumimos em três os aspectos fundamentais para entendermos o íntimo do ser humano:

a) *Somos todos frágeis;*

b) Necessitamos uns dos outros e

c) Estamos todos nas mãos de Deus.

a) Somos todos frágeis, mas devemos superar-nos

Os *outros seres vivos* já nascem "*prontos e completos*" e encontram um ambiente a eles adequado. Entre os animais, o ser humano, ao nascer, "é um ***ser inacabado***" e aquele que apresenta *maior grau de fragilidade*. De início, demora meses para caminhar com as próprias pernas, para comunicar-se com os demais e para alimentar-se. Somente por ocasião da *adolescência* e da juventude, começará a adquirir certa autonomia em relação aos progenitores e à casa em que veio ao mundo.

Para suprir semelhantes carências e lacunas recebeu do Criador *razão, inteligência e imaginação* incomuns no conjunto do reino animal. Daí a criação de utensílios, ferramentas e instrumentos que, de certa forma, ampliam seus braços, suas pernas, seu poder de visão e audição, conferindo-lhe uma *superioridade inquestionável*. Apesar da *fragilidade humana*, a sociedade conseguiu uma série de inventos, de descobertas e um conhecimento sem igual. O ser humano é chamado a *superar-se a cada obstáculo*, a ser sujeito de seu crescimento e construir um entorno propício ao próprio desenvolvimento. Assim nasceram a *ciência, a tecnologia e o progresso*, juntamente com uma inédita *capacidade de adaptação.* A inteligência humana levou-o a superar muitas adversidades: *estiagens, inundações, epidemias e outras catástrofes* costumam ser um *terreno fértil para a inteligência, a imagina*ção e a solidariedade.

Porém toda a ciência e tecnologia, não raro, continua levando a um *poder e domínio absoluto, avassalador, sobre a natureza e a história,* chegando muitas vezes à depredação, à devastação e à sujeição, não apenas de outras espécies de animais, mas também de seus próprios semelhantes. Esse é o *lado negativo de um saber mal utilizado* ou utilizado para *interesses escusos, desfigurado em seus fins*. É a tendência ao mal e a *presença do mal e do pecado.*

Surge, então, o lado das relações humanas, que é o *conhecimento recíproco da fragilidade* da condição humana, que *só termina com a morte*.

b) Necessitamos uns dos outros

Nas *fraquezas e necessidades* que nos damos conta da importância de *contar com os outros*.

Além da *humildade, da abertura ao aprendizado e do dom da união,* a fragilidade tende a aproximar os seres humanos. Nos momentos difíceis, experiências-limite da existência – *doença, separação, morte, desemprego, amor não correspondido* –, cada um de nós *pode ajudar os demais a carregar sua cruz*. Nesse caso, cabe uma lição: quanto mais profundamente *conhecermos a nós mesmos*, nossas debilidades e fraquezas, mais abertos estaremos à compreensão *frente às debilidades e fraquezas dos outros*, por isso necessitamos da *solidariedade e da colaboração*.

Surge, então, o lado das relações humanas, que é o *conhecimento recíproco da fragilidade* da condição humana; que nos leva a sair de nós mesmos e a dispor-nos a ajudar quem precisa. E, por outro lado, prepara-nos para recebermos com devida humildade a ajuda do próximo, mesmo do mais necessitado. Quebram-se assim a *autossuficiência* e a *arrogância* que habitam tão perto *do saber, do poder e do domínio*.

O ***autoconhecimento*** abre o horizonte para um conhecimento mais amplo do ser humano e da sociedade. Ainda há gente disposta a socorrer os que gritam e pedem socorro. Somente a dor, seja ela qual for, quando atinge o pico do desespero, torna-nos como que *cegos e perdemos o equilíbrio*. Por isso a necessidade de buscar alguém que nos *compreenda, ajude-nos e nos dê confiança*.

c) Estamos todos nas mãos de Deus

Mas é sobretudo na Palavra de Deus que descobrimos que ***o Criador*** de todos os seres vivos e de todos os seres humanos é nosso Pai comum: por isso todos somos igualmente *irmãos e irmãs*.

Para que serve então a fé em Deus? *Para muito*. Deus não mata os micróbios, mas pode nos ajudar a superar *sua invasão*.

Colocar-se nas mãos de Deus, o que significa isso? Significa muita coisa. Não é transferir para Deus aquilo que devemos fazer por nossas próprias mãos, nossos meios e nossas forças. Guarde esta orientação: "A oração não modifica nossos males e problemas, mas modifica nossa maneira de encará-los". Em outras palavras, Deus não vai resolver aquilo que compete às autoridades sanitárias, aos governos, às instâncias, aos organismos internacionais e a todos nós. Cada qual em sua esfera e responsabilidade.

Jesus ensinou que sofre com aqueles que sofrem. Hoje, como ontem, está intimamente próximo dos que sofrem. Estar ciente disso é muito importante. E Jesus espera que saibamos cuidar com carinho e eficiência de cada pessoa doente, vendo nele o mesmo Jesus.

No silêncio da oração, o Pai vai confortar nossos ouvidos, tão cheios de ruídos, com palavras silenciosas de luz e paz e serenidade; vai aquecer o coração com a chama invisível de seu amor, sempre fiel e presente; vai inundar a alma ressequida com a água viva, que vem da fonte de sua infinita misericórdia. Em uma palavra, a oração vai fortalecer nosso íntimo com a força da fé e da esperança. Tudo vai passar e Deus vai estar a nosso lado. É sua armadura que nos torna capazes de seguir adiante, na certeza de que o sol vai voltar a brilhar, apesar de tantas nuvens!

Tudo isso ganha maior valor, quando uma catástrofe se abate sobre a pessoa, a família, um grupo, um povo, uma cidade, um país e o mundo inteiro. A fé em Deus torna-nos mais conscientes e solidários. Isso nos faz respeitar a natureza e acabar com o medo e o desânimo.

Lição que devemos aprender:

– *"Quando sou fraco é então que sou forte"*, diz Paulo (2Cor 12,10). – *"Noites e tempestades não duram para sempre e, no final, tornamo-nos mais próximos, mais* ***fraternos e mais solidários****."*

2. Valores a conquistar(Agir)

Diante do que vimos, vamos aprender novas lições:

A percepção de que *não somos "deuses", mas totalmente vulneráveis e mortais, expostos à imprevisibilidade.*

*"*Não é *reduzir o Estado ao mínimo; mas o Estado deve estar suficientemente apetrechado para atender as demandas mais urgentes da população"*, como ensina papa Francisco.

Dito diretamente: o que vale mais*, a vida ou o lucro? A natureza* ou sua espoliação desenfreada?

Dando um passo à frente, devemos aprender que há valores a restaurar e princípios a conquistar:

a) Resgatar a vida como centro.
b) Responsabilidade social e ecológica.
c) Manter os olhos fixos no foco central.

a) Resgatar a vida como centro

Diante de tanta morte, é urgente renovar o valor da vida. Tentar definir a vida, reconhecia Max Plank, é tentar definir a nós mesmos, realidade que, em último termo, mostra-nos que não sabemos definitivamente o que e quem somos. Diante de tanta morte, é urgente *"a centralidade da vida"*, que implica uma *biocivilização*, que, por sua vez, comporta concretamente assegurar os meios de vida para todos os organismos vivos e, no caso dos seres humanos, garantir *alimentação, saúde, trabalho, moradia, segurança, educação e lazer.*

Cuidar da vida, fazer expandir a vida, entrar em comunhão e sintonia com toda a cadeia de vida, celebrar a vida e acolher, agradecidos, a Fonte originária de toda a vida: eis a missão singular e específica e o sentido do viver dos seres humanos sobre a Terra.

Este constitui o grande desafio para o século XXI, construir uma civilização cujo centro seja a vida da casa comum. A economia e a política a serviço da vida em toda a sua diversidade. Ou optamos por esta via ou podemos nos autodestruir, pois construímos já os meios para isso ou podemos também começar, finalmente, a criar uma sociedade verdadeiramente justa e fraternal, com toda a comunidade de vida, conscientes de nosso lugar no meio dos demais seres e da missão singular de cuidar e de guardar a herança sagrada recebida do universo ou de Deus (Gn 2,15).

b) Responsabilidade social e ecológica

A responsabilidade é de todos e todos devem colaborar, para que *o sentido de nossa vida, pessoal e coletiva, não seja absurdo. O isolamento social* é uma espécie de retiro existencial que a situação nos impôs. Criou-se a oportunidade de colocar em pauta essas questões inadiáveis. Nada, neste mundo, é por acaso. Tudo tem uma *lição ou um sentido secreto,* que cabe desvendar, por mais perplexa que seja a realidade.

O que não podemos permitir é que esse *sofrimento coletivo* seja em vão. Ele funciona como um crisol que purifica o ouro, que acrisola nossa mente e põe em xeque certos hábitos, levando à incorporação de novos, especialmente com relação ao respeito à *natureza e o tipo de sociedade* que queremos construir, *menos perversa e mais solidária.*

Poucos *são os **que falam da natureza***:

– Desmatamos impiedosamente e assim *destruímos os habitats* dos milhares de vírus que vivem nos animais e até nas plantas. Perdendo sua "*morada natural*" buscam em nós *um lugar de sobrevivência*. Dessa forma, temos conhecido *uma vasta gama de vírus,* como o zika, o chikungunya, o ebola, *a série dos derivados* do SARS , como o Covid-19, entre outros.

O que vai predominar? Essas advertências vitais ou o afã de acumular e garantir os interesses materiais? Teremos suficiente sabedoria para responder à altura daquele Ser que faz ser todos os seres: "*Proponho-te a vida e a morte, a bênção e a maldição; escolhe a vida para que vivas com tua descendência*" (Dt 30,19).

Portadores da fé em um "*Deus, apaixonado amante da vida*" (Sb 11,26), apostamos ainda em um *sentido da história e da vida.* Deveremos construir nossa história sem tanto sufoco e tanta angústia.

c) Manter os olhos fixos no foco central

"Nossa esperança não pode morrer!" Apesar de tudo isso, como afirma a encíclica *Fratelli tutti*, do papa Francisco: "A esperança nos fala de uma realidade enraizada no profundo do ser humano, independentemente das circunstâncias concretas e dos condicionamentos históricos em que se vive" (n. 55).

Aqui ressoa o princípio da esperança, que é mais que uma virtude, mas um princípio motor interior, que projeta sonhos e visões novas, tão bem formuladas, pelo filósofo alemão Ernst Bloch, em seu livro *"O Princípio Esperança".* Essa esperança nos devolverá *o sentido de viver neste pequeno e amado planeta Terra.*

Apesar de sermos *seres contraditórios,* feitos simultaneamente de *luz e de sombras,* cremos que a luz triunfará. Atestam-nos tantos bioantropólogos e neurocientistas: somos por essência seres de bondade e de cooperação. Vigora uma *bondade fundamental* na vida. *O Amor é possível; basta fazermos nossa parte.*

O que podemos perceber, atrás *desses gestos cotidianos de solidariedade*? Esconde-se *o princípio da esperança e a confiança* de que, apesar de tudo, *vale a pena viver porque a vida,* em sua profundidade, é boa e foi feita para ser levada com coragem que produz *autoestima e sentido do viver.*

Há aqui uma *sacralidade* que não vem sob o signo religioso, mas sob a perspectiva do ético, do viver corretamente e do fazer o que deve ser feito. A sociedade moderna está descobrindo o sagrado da vida e o sentido secreto e sobrenatural que ela sempre guarda.

O mundo não está em ordem, nem tudo está bem! Mas apesar de tantos medos e tantas inseguranças, não podemos esquecer que *todos devemos estar juntos, apoiando-nos, colaborando, fazendo o que podemos e está ao nosso alcance – tal qual a mãe que pega seu filho no colo e o conforta, dizendo: "Filho,* não tenha medo, sua mãe está aqui" – *para dar novo ânimo nesta hora.* Às vezes, basta um telefonema e uma palavra amiga. Pois não obstante a desordem reinante, nós cremos em uma *ordem profunda e secreta* do valor do bem, ensina Peter Berger.

Temos fé e firme esperança de que, por debaixo deles e dentro deles, vai se fortalecendo uma ordem escondida que, quando tudo passar, irá irromper. Vai dar certo!

Assim a sociedade e a humanidade toda poderão caminhar rumo a um sentido maior, cujo desenho final nos escapa. Mas intuímos desde sempre que *ele existe e será bom.* A ele caberá escrever a última página com um *fim feliz!* Como escreveu o filósofo do *Princípio Esperança*, Ernst Bloch, verificaremos que *o verdadeiro gênesis* não estava no começo das coisas, mas *em seu fim.* Só, então, será verdade: "Deus viu tudo quanto havia feito e achou que estava muito bom" (Gn 1,31).

d) Os valores mudaram?

A vida mudou, e os valores? A vida nos vai dando lições, mas nem sempre queremos aprendê-las. Aos olhos do mundo capitalista, nada parecia ser possível conter a *lógica de produção e de consumo* em escala global, agora a humanidade é forçada a *repensar suas escolhas e seus valores, a se reencontrar com a natureza, a repensar o sentido da vida, e reconhecer a importância das ideias coletivas, acima dos interesses particulares,* pois passamos a depender muito mais dos outros.

Essa nova realidade obrigou-nos a reaprender a lidar com o tempo, *para alguns agora em excesso, a pensar em nós mesmos, na liberdade e na finitude humana, a brincar com os filhos, a lidar com as coisas da casa, a solidarizar-se* à *distância, enfim a reinventar-se para cuidar da saúde física e mental.*

Se por um lado, fomos forçados *a mudar nosso modo de viver*, por outro lado, passamos a enxergar melhor os *velhos problemas,* relacionados à questão da *desigualdade social, à pobreza, à falta de um sistema público e universal de saúde* eficaz, *ao predomínio da lógica liberal, nos sistemas privados de saúde, e* à *incapacidade da maioria dos governos de gerir tal crise com respostas rápidas, justas e eficazes.* A atual realidade também deixou fortes sentimentos extremos, *os exemplos de solidariedade e os de egoísmo,* afirma Anor Sganzerla.

Muitas pessoas foram *extremamente solidárias com outros seres humanos,* que precisam dessa solidariedade para tarefas do cotidiano, quando emprestaram seus talentos para confortar a todos. Foi comum ver pessoas cantando nas janelas de suas casas para alegrar o coração de seus vizinhos que, muitas vezes, nem conheciam. Ser solidário com o desconhecido exige doação, amor e compaixão.

Os profissionais de saúde também demonstraram uma entrega, poucas vezes vista: muitos deixaram seus lares e passaram a viver nos hospitais ou em locais adequados para se dedicarem ao trabalho, como também para não levarem doença *para dentro de suas casas.*

Mais...

A situação social suscitou *questões bioéticas* em diferentes esferas: *política, organizacional, de saúde pública, dos profissionais de saúde e das pessoas, individualmente.* Na esfera pública, *identificou-se a falta de políticas públicas para atender a todos, a negligência do estado, a corrupção na aquisição de equipamentos e medicamentos, na politização da doença, na falta de transparência na utilização dos recursos públicos, na lentidão das políticas públicas, na omissão de informações, no descaso com aqueles que são os mais vulneráveis.*

"Pensar uma ***economia inclusiva****,* no sentido da casa comum, presente na expressão economia tornou-se o grande desafio da ***ética***", afirma o Prof. Anor Sganzerla. *(In: UNIS 5/5/20) Adiante veremos mais.*

PARTE II

ESPERANÇA HUMANA E A ESPERANÇA CRISTÃ

1. A esperança humana

Podemos definir a esperança humana como o *rosto humano da esperança!* Os primeiros cristãos a representavam como "*uma âncora de salvação*", à qual precisavam agarrar-se.

– Na atualidade, o homem tem *muitas esperanças – menores ou maiores* – distintas nos diversos períodos de sua vida. A esperança é como o sangue, não se vê, mas corre dentro de nós. Louis Dumur sugere que "*a esperança é a morfina da vida*". Às vezes, pode parecer que uma dessas esperanças o satisfaça totalmente, sem ter necessidade de outras. Mas a sabedoria do povo ensina: *"A esperança é a última que morre"*.

– *Na juventude, a esperança pode estar em encontrar o grande e forte amor*; a esperança de certa posição na profissão, deste ou daquele sucesso determinante para o resto da vida. Mas quando essas esperanças se realizam, resulta, com clareza, que na realidade isso não era a totalidade, por isso não nos preenche. Torna-se evidente que o homem necessita de *uma esperança que vá mais além*. Vê-se que só algo de infinito lhe pode bastar, algo que será sempre mais do que aquilo que ele alguma vez possa alcançar.

– Para outros ainda, ***a esperança*** *é se curar de uma doença*, completar um projeto, despedir-se serenamente do mundo. Até mesmo a angústia do morrer é superada, colocando a própria história, para além de si mesmos: *há quem veja a esperança na imortalidade continuada dos filhos e netos*, e quem a veja, na herança moral dos valores e exemplos transmitidos.

– A esperança é o *antídoto natural ao medo*. Para alguns, a esperança é não ceder ao desespero, saber levantar-se, depois de cair; para outros, é olhar as coisas com olhos diferentes, encontrar ensinamentos positivos em meio às contrariedades; é acreditar em um "Poder Superior", nas vicissitudes da vida.

a) Razão e liberdade

São dois grandes temas ligados ao campo da esperança humana. A época moderna desenvolveu a esperança da instauração de um *mundo perfeito* que, graças aos *conhecimentos da ciência e a uma política cientificamente fundada,* parecia tornar-se realizável. Sem dúvida, a razão é o grande dom de Deus ao homem, e a vitória da razão sobre a irracionalidade é também um objetivo da fé cristã.

Mas quando é que a razão domina verdadeiramente? O progresso, para ser digno desse nome, necessita do crescimento moral da humanidade e do discernimento entre o bem e o mal. Deve haver uma integração e uma abertura da razão às forças salvíficas da fé. *Não é a ciência que redime o homem. O homem é redimido pelo amor.*

– O *reino do homem.* A esperança de um mundo melhor seria o verdadeiro *do reino do homem.* Estava em condições de mobilizar, *por certo tempo*, todas as energias do ser humano. O grande objetivo parecia ser merecedor de todo o esforço. Esta parecia finalmente a esperança grande e realista de que o homem necessitava. O Reino de Deus *foi substituído* pelo ***"reino do homem"**.*

– Mas, com o passar do tempo, ficou claro que esta *esperança escapa sempre para mais longe*. Primeiro deram-se conta de que essa era, talvez, uma esperança para os homens de amanhã, mas não uma esperança para mim hoje. E, embora o elemento *"para todos"* faça parte da grande esperança – com efeito, *não posso ser feliz – contra e sem os demais* **–**; o certo é que uma esperança, que não me diga respeito a mim pessoalmente, não é sequer uma verdadeira esperança.

E tornou-se evidente que essa era uma esperança *contra a liberdade*, porque a situação das realidades humanas depende, em cada geração novamente, da livre decisão dos homens que dela fazem parte. Se esta liberdade, por causa das condições e das estruturas, fosse-lhes tirada, o mundo, em última análise, não seria bom, porque um mundo sem liberdade não é, de forma alguma, um mundo bom. Desse modo, apesar de ser necessário um contínuo esforço pelo melhoramento do mundo, o mundo melhor de amanhã *só pode ser o conteúdo próprio e suficiente de nossa esperança.* E sempre, a esse respeito, pergunta-se: como é *o "Melhor Mundo"?* O que é que o torna bom? Com qual critério, pode-se avaliar seu Ser Bom? E por quais caminhos se pode alcançar *"esta Bondade"?*

– Ora, o sofrimento faz parte da existência humana. Esse deriva, por um lado, de nossa finitude e, por outro, do volume de culpa que se acumulou ao longo da história e, mesmo atualmente, cresce de modo irreprimível. Certamente, é preciso fazer tudo possível *para diminuir o sofrimento*: impedir, na medida do possível, o *sofrimento dos inocentes, amenizar as dores, ajudar a superar os sofrimentos psíquicos.*

– Podemos *procurar limitar o sofrimento e lutar contra ele, mas não podemos eliminá-lo.*

Precisamente onde os homens, na tentativa de evitar qualquer sofrimento, procuram esquivar-se de tudo o que poderia significar padecimento, descambam em uma vida vazia, na qual provavelmente já quase não existe a dor, mas experimenta-se muito mais a obscura sensação da falta de sentido e solidão. Não é o evitar o sofrimento, a fuga diante da dor, que cura o homem, mas *a capacidade de aceitar a tribulação e nela amadurecer*. A Cruz faz parte da vida, mas é importante encontrar um sentido para ela, como veremos mais à frente.

A grandeza da humanidade determina-se essencialmente na *relação com o sofrimento e com quem sofre*. Uma sociedade que não consegue aceitar os que sofrem e não é capaz de contribuir, mediante a compaixão, para fazer com que o sofrimento seja compartilhado e assumido, mesmo interiormente, é uma *sociedade cruel e desumana*. A sociedade, porém, não pode aceitar os que sofrem e apoiá-los em seu sofrimento, se os próprios indivíduos não são *capazes de aceitar-se a si mesmos; por outro lado, o indivíduo não saberá aceitar o sofrimento do outro.*

Quanta gente, cada dia, demonstra *paciência e infunde esperança*! Cuidando para não *semear o pânico*, mas a *corresponsabilidade*! A esperança precisa da união e do aprimoramento de todos e não só de alguns.

A) A Esperança e os desafios

No início de 2020, a humanidade se viu às voltas com um novo vírus, que, rapidamente, mostrou sua força e se espalhou pelo mundo, *causando apreensão, insegurança, sofrimento e milhares de mortes.*

O que poderíamos esperar e para onde deveríamos caminhar?

A ação avassaladora do vírus demoliu os mitos da *autossuficiência, onipotência, produtividade* e impôs uma reflexão sobre o tema dos limites, *da precariedade, da impotência*. O que dizer diante da morte*, quando ela vem tão rápida e nos pega desprevenidos, sozinhos, distantes das pessoas que amamos e sem qualquer tempo para pensar e meditar sobre ela?* Vemos assim que a simples teorização da morte, que muitas vezes é produzida pela escatologia, torna-se insuficiente diante de tantos rostos que choram e sofrem suas perdas e que nos acusam, afirmando que nossas respostas prontas pouco alimentam e confortam nesses momentos.

Faz-se necessário um novo movimento, uma *nova percepção, um novo posicionar e entender sobre o morrer e de que forma podemos ser solidários para com estes e estas que estão a nossa volta*. Surgem novas perguntas.

Passamos da medicina dos milagres à medicina dos limites. Vivemos *'suspensos' no tempo, entre o doloroso labor do presente e a espera atormentada de um futuro melhor.*

Por falta de tratamento *as pessoas se viram trancadas em suas casas, reunidas em família ou isoladas de tudo, apreensivas, inseguras e sem esperança.*

As escolas e universidades foram fechadas, as igrejas não poderiam mais se reunir e novas alternativas de interação precisaram ser criadas; uma nova forma de ser Igreja também se fez necessária, uma vez que o templo "de pedra" estava fechado e as pessoas se viam novamente ao redor de uma mesa, trancadas em suas casas, ou mesmo sozinhas e isoladas.

A *Igreja em saída necessitava fazer-se criativa*, a fim de atender e perceber os sinais dos tempos, em que a atitude e as responsabilidades se faziam cada vez mais necessárias.

Enquanto alguns conseguiam isolar-se no conforto de suas casas, e tinham comida em fartura e muitas fortunas, *outros, entretanto*, eram jogados ao relento, sem identidade e sem nome.

Em poucos meses, *ficamos assombrados, foi mostrada toda a nossa pequenez e nossos limites humanos, mostrou também nossa incapacidade de viver harmonicamente* como sociedade, desrespeitando o chamado da criação e a proposta de uma casa comum, da qual o papa Francisco lembrou-nos tão bem. *Essa crise da humanidade mostrou-nos a **crise de nossa esperança**.*

B) A esperança e expectativa de vida

Porque quando falamos de expectativa de vida, falamos de Esperança. "*A transição demográfica* é o fenômeno de mudança de comportamento de massa *mais expressivo e mais impactante* da história da humanidade", afirma *Alves. (In: UNIS 05/09/2018)*

A ***esperança de vida*** ao nascer sempre foi baixa, na maior parte da história do *homo sapiens*. Durante cerca de 200 mil anos, a média de vida das pessoas estava abaixo de 30 anos. Com os avanços no *padrão alimentar, as melhorias no saneamento e na higiene e os avanços da medicina,* a expectativa de vida começou a subir no século XIX e chegou a 32 anos no mundo, em 1900.

Como conclusão, houve uma melhoria muito grande da expecitativa de vida do começo de 1900 para 2019. Várias calamidades atrapalharam a expectativa de vida. Mas a ***poluição***, os *desastres, provocados pelos eventos climáticos extremos e as ondas letais de calor,* possam provocar *grande mortandade*, nas próximas *décadas.*

Assim, a esperança de vida ao nascer da humanidade está em uma *encruzilhada*. Os excepcionais ganhos dos últimos 150 anos podem não ter continuidade no restante do século XXI. *"A mudança climática é o maior desafio de nosso tempo"*, afirma Amanda Gorman.

2. A esperança cristã

A Esperança Cristã é a virtude pela qual assumimos as esperanças que inspiram as atividades dos homens; purifica-as, para ordená-las ao Reino dos Céus. É acreditar que aquilo que Jesus prometeu e aconteceu com Ele vai acontecer conosco. Como não vimos, muito desejamos e, com firmeza, esperamos. É a segunda das três virtudes teologais, ao lado da fé e da caridade.

Os primeiros cristãos representavam a esperança cristã como *"uma âncora de salvação"*, à qual era preciso agarrar-se. *A esperança é a* "âncora da alma"*, segura e firme "penetrando até onde Jesus entrou por nós, como precursor"* (Hb 6,19-20).

A esperança cristã atinge toda a nossa vida. Ela é fundamentada na Palavra de Deus, alimentada na Eucaristia e fortalecida na vivência da Fé.

Em nível pastoral, os ministros da Igreja são anunciadores de esperança, representando Deus nos momentos difíceis da vida: durante uma grave doença, nos necrotérios, nos funerais, no tempo das condolências. O sacerdote se faz presente na Sexta-feira Santa das pessoas, para expressar proximidade, mas também para lembrar que a morte não tem a última palavra, mas a penúltima, *porque em Cristo* Ressuscitado nós ressuscitaremos também.

Assim devemos fazer nós, ir ao povo e ser um com ele, para alimentar a esperança e para responder ao chamado de um Reino que se faz na justiça, no amor e na paz.

Somente assim é que tem sentido falar de um novo céu, pois *Deus não é um estranho, mas é um de nós.*

*A **escatologia*** cristã faz parte de nossa esperança e a fortalece. Assim Deus veio até nós, ele se fez um de nós e se fez povo. É alguém próximo, é alguém que partilha nossa vida, nossa história, nossa dor, nossas tristezas e esperanças.

"A escatologia toca a realidade presente e enche-a de esperança. A escatologia faz sentir-se na história, na caminhada de um povo, que vive e sente uma esperança concreta, real, verdadeira, que liberta os cativos, que dá de comer aos famintos, que transforma a sociedade em um novo espaço e em uma nova estrutura, onde todos tenham vez e possam responder ao chamado último de sua vocação", afirma César Kuzma.

Assim a escatologia nos fala, sobretudo, *de um futuro prometido, que é "ser em Deus", que é ser com Deus, que é ser um humano verdadeiro naquele que nos dá o sentido da verdadeira humanidade, que é Cristo Jesus. Este "ser em Deus" é uma realidade que ultrapassa os limites de nossa razão e que não temos a capacidade de discernir; vemos como em imagens, tentando antever, experimentando tempos favoráveis, em que a graça nos acolhe e nos convida a uma nova abertura, lembra-nos* César Kuzma (Introdução ao Livro da Lina Boff, Ed. Santuário, 2020).

A) A esperança cristã no Catecismo da Igreja Católica (CIC 1817-1821)

"*A Esperança é a virtude teologal* pela qual desejamos como nossa felicidade *o Reino dos Céus e a Vida Eterna,* pondo nossa confiança nas *promessas de Cristo* e apoiando-nos não em nossas forças próprias, mas no *socorro da graça do Espírito Santo.*" "Continuemos a afirmar nossa esperança, porque é fiel quem fez a promessa" (Hb 10,23). "Este Espírito que ele ricamente derramou sobre nós, por meio de Jesus Cristo, nosso Salvador, a fim de que fôssemos justificados por sua graça e nos tornássemos herdeiros da esperança da vida eterna" (Tt 3,6-7) – CIC 1817.

Ela dá alento em todo *esmorecimento*; protege *contra o desânimo*; dilata o coração na expectativa do egoísmo e conduz à *felicidade da caridade* (CIC 1818).

Se os problemas parecem ter semeado uma nuvem de grande escuridão e dúvida, "*pela esperança cristã, desejamos e aguardamos de Deus, com firme confiança, a Vida Eterna e as graças para merecê-la* (CIC 1843).

Outros textos

A esperança cristã está *intimamente unida* à fé e à caridade. *Na esperança, a Igreja pede que "todos os homens sejam salvos"* (1Tm 2,4). Ela aspira a estar unida a Cristo, seu Esposo, na glória do céu.

– O Credo Apostólico *ensina*: "*Creio na Ressurreição da carne, creio na Vida Eterna".*

– E Tomé respondeu: *"Meu Senhor, meu Deus!" "Bem-aventurados os que creram sem ter visto*!" (Jo 20,27ss). Aqui temos o maior ato de fé! Como acabamos de ver, as cartas Apostólicas nos ensinam a mesma esperança: "*Cristo ressuscitou e nós ressuscitaremos com Ele"* (1Cor 15).

– O **mártir S. Atanásio** († 373) ensina: "*Os defuntos eram chorados, porque destinados à corrupção. Após o Salvador ter ressuscitado seu corpo, a morte cessou de ser pavorosa... preferem morrer a renegar a fé em Cristo"*.

– ***Tertuliano de Cartago*** († 220) afirmava: *"A confiança dos cristãos é a ressurreição dos mortos; crendo nela somos cristãos".* Podemos esperar com certeza a glória do céu prometida por Deus aos que o amam e fazem sua vontade. Por isso Maria também já está no Céu em corpo e alma; nós também esperamos.

– **Santa Teresa de Ávila**, em uma linda oração, rezava: *"Espera, ó minha alma, espera. Ignoras o dia e a hora. Vigia cuidadosamente, tudo passa com rapidez, ainda que tua impaciência tome duvidoso o que é certo, e longo um tempo bem curto. Considera que quanto mais pelejares mais provarás o amor que tens a teu Deus e mais te alegrarás um dia com teu Bem-Amado em gozo e deleite que não podem ter fim".*

Podemos concluir com o papa Francisco

Recorda-nos, em sua mais recente Encíclica *Fratelli Tutti* (*Todos irmãos*). "Estamos mais conscientes do que nunca de como nossa exploração dos recursos do mundo tem ameaçado o futuro de nossa 'casa comum'". Há calamidades que atingem a todos nós. "Estamos todos no mesmo barco." Muitas pessoas foram abandonadas, descartadas, deixadas à margem. E, nas "sombras escuras" das calamidades, que conhecemos o quão ferido realmente está nosso mundo.

O papa Francisco frequentemente nos lembra que a forma como nosso mundo sairá dessa pandemia dependerá, em certa medida, *de todos nós e como responderemos a seus desafios*. Só proclamando a fé no evangelho de Jesus Cristo, nosso Redentor, e renovando nossa esperança de que Ele "faz novas todas as coisas" (Ap 21,5).

B) A esperança cristã na Palavra de Deus

As promessas de Cristo foram deixadas em sua Palavra, para animar nossa fé e nossa esperança. Nós não nos apoiamos em nossas próprias forças, mas no *socorro da graça do Espírito Santo*. Por isso a Carta aos hebreus nos lembra: "*Continuemos a afirmar nossa esperança, porque é fiel quem fez a promessa*" (Hb 10,23). E também em Tito lembramos: "*Este Espírito que ele ricamente derramou sobre nós, por meio de Jesus Cristo, nosso Salvador, a fim de que fôssemos justificados por sua graça e nos tornássemos herdeiros da esperança da vida eterna"* (Tt 3,6-7). São muitos os ensinamentos bíblicos sobre a esperança cristã, mas vamos lembrar os principais.

1. Deus quer que *"todos os homens sejam salvos"* (1Tm 2,4).

*2. "*Eu penso *que os sofrimentos da vida presente não têm proporção com a glória futura que se manifestará em nós... mas esperamos o que não vemos, é por que o aguardamos com perseverança"* (Rm 8,18s).

3. Deus nos guarda na *"esperança que não decepciona"* (Rm 5,5; mas pelos méritos de Jesus Cristo e de sua Paixão).

4. "Revestidos da couraça *da fé e da caridade e do capacete da esperança da salvação"* (1Ts 5,8).

5. "Alegrando-vos *na esperança, perseverando na tribulação"* (Rm 12,12). *Ela nos traz alegria.*

6. "Continuemos a afirmar *nossa esperança, porque é fiel quem fez a promessa"* (Hb 10,23).

7. "Este Espírito *que ele ricamente derramou sobre nós, por meio de Jesus Cristo, nosso Salvador, a fim de que fôssemos justificados por sua graça e nos tornássemos herdeiros da esperança da vida eterna"* (Tt 3,6-7).

8. Um mundo *sem Deus é um mundo sem esperança* (Ef 2,12).

9. "Cristo ressuscitou *e nós ressuscitaremos com Ele"* (1Cor 15).

10. A ressurreição de Cristo, *fundamento da esperança* (1Cor 15,12-20).

11. Quem come minha carne *e bebe meu sangue tem a vida eterna e eu o ressuscitarei"* (Jo 6,54).

12. "Eu sou a Ressurreição *e a Vida... mesmo que morra, viverá"* (Jo 11,25).

13. "Pai, quero *que aqueles que me deste estejam comigo, onde eu estarei"* (Jo 17,24).

14. Nós somos *destinados a habitar com Deus* (2Cor 5,6-10).

15. "Se morremos *com Cristo, com ele reinaremos*" (Rm 6,8).

16. É na esperança *que fomos salvos* (Rm 8,24).

17. "Esperamos *dos céus nosso Salvador, que transfigurará nosso corpo"* (Fl 3,20-21).

18. Esperamos novos céus e nova terra (2Pd 3,8-14).

19. Não fiqueis tristes com os que não têm Esperança (Ts 4,13).

20. Sede pacientes *até a vinda do Senhor* (Tg 5,7-10).

21. Permaneçamos *alerta, para o dia do Senhor* (1Ts 5,1-6).

22. Corramos *com perseverança* (Hb 12,1-4).

23. Espírito, vem *em auxílio de nossa fraqueza* (Rm 8,22-27).

24. É, *esperança, caridade: as três virtudes que permanecem* (1Cor 12,31-13,13).

25. Vinde benditos de meu Pai, tomai posse do Reino preparado para vós (Mt 25,34).

Qualquer um desses textos serve para meditar e animar nossa esperança. Podemos até pegar um de cada vez. Valerá muito a pena. Mas vamos em frente.

Principais ensinamentos:

a) – ***A Esperança Cristã está fundamentada nas certezas dadas por Deus em sua Palavra.***

E nós acreditamos e temos certeza. Mas nossa única e decisiva garantia da *Esperança Cristã é a Ressurreição de Jesus Cristo*. Jesus está vivo e apareceu aos apóstolos várias vezes, e para *mais de 500 irmãos nossos* (1Cor 15,6).

"Podemos esperar, pois, *a glória do céu foi prometida por Deus aos que o amam e fazem sua vontade*. Em qualquer circunstância, cada qual deve esperar, com a graça de Deus, *"perseverar até o fim" e alcançar a alegria do céu como recompensa eterna* de Deus pelas boas obras praticadas com a graça de Cristo" (CIC 1821). Não existe uma dicotomia entre a vida na Terra e a vida após a morte, mas continuidade.

B) – É na esperança que fomos salvos: diz São Paulo (Rm 8,24). A "redenção", a salvação, segundo a fé cristã, não é um simples dado de fato. A redenção é-nos oferecida no sentido que nos foi dada a esperança, uma esperança fidedigna, graças à qual podemos enfrentar nosso tempo presente. A Carta aos Hebreus liga estreitamente a *"plenitude da fé"* (10,22), *com a* "imutável profissão da esperança" (10,23).

De igual modo, Pedro exorta os cristãos a estarem sempre prontos a responder o propósito do logos – *o sentido e a razão – de sua esperança* (1Pd 3,15). A *"esperança" equivale* à *"fé"*. Paulo lembra aos Efésios que, antes de seu encontro com Cristo, estavam *"sem esperança e sem Deus no mundo"* (Ef 2,12). Um mundo *sem Deus é um mundo sem esperança* (Ef 2,12). Só Deus pode dar a salvação. *E a fé dá-nos essa certeza.*

CREDO DA ESPERANÇA CRISTÃ

1- "O Amor de Deus é a raiz da toda a Esperança". O amor é a vida de Deus, que renovou tudo o que alcançou. Nós somos muito amados por Deus. Viva, ame, sonhe, acredite. E com a graça de Deus, nunca se desespere. Ame as pessoas, porque cada uma tem sua história a contar.

2- "A esperança é uma pessoa, Jesus Cristo" (1Pd 3,8-17). Jesus é a presença do amor misericordioso e salvador de Deus. (Jo 3,16). Jesus trouxe ao mundo uma esperança nova e fê-lo como a semente: fez-se pequeno, como um grão de trigo; deixou sua glória celeste para vir entre nós: "caiu na terra". Ele está a nosso lado e caminha conosco sempre.

3- Como nasce a esperança? Nasce da cruz. "Atrairei todos a mim. Olha para a cruz, para Cristo Crucificado e dali chegar-te-á à esperança que nunca acaba, que dura até a vida eterna." Acredite, Ele o espera. Seu amor é que nos garante. "Poder amar é um dom de Deus." Todo amor que surge é um poder de transformação que deseja a felicidade. Cada criança que nasce é a promessa de uma vida que ainda uma vez se demonstra mais forte que a morte. O mundo caminha graças ao olhar de tantos homens que abriram frestas, que construíram pontes, que sonharam e acreditaram.

4- Anunciar o amor de Deus aumenta a esperança; porque o amor que "tudo espera, tudo suporta" (1Cor 13,7). O amor é a vida de Deus, que renovou tudo o que alcançou. Um amor sem medida, que não se esgota, que nunca falta e que constitui o fundamento verdadeiro de nossa esperança. "Confiar em Deus; pois Ele sabe o que é melhor para nós."

5- "Enquanto houver vida, haverá esperança", diz o ditado popular; e é verdade também o contrário: enquanto houver esperança, há vida. "A esperança cristã vai além da esperança humana." "Cristãos, sejam semeadores de esperança", pedido de Pentecostes. "O cristão é um missionário de esperança, não de desgraças".

6- Na Páscoa, Jesus transformou nosso pecado em perdão, assumindo-o sobre si mesmo. Mas olha bem como é a transformação que a Páscoa realiza: Jesus transformou nosso pecado em perdão, nossa morte em ressurreição, nosso medo em confiança. "Porque Deus não nos deu o espírito de temor, mas de fortaleza, de amor e de moderação" (2Tm 1,7).

7- "A terapia da esperança": Dois discípulos Emaus: Lc 24,13-33. Quantas tristezas, quantas derrotas há na vida de cada pessoa! Nós somos como eles. Nossa fé em Deus é, às vezes, uma chama pequena e quase não a enxergamos. Mas Ele está a nosso lado. Em seguida, Jesus repete também o gesto central de cada Eucaristia: pegou no pão, abençoou-o e, depois de parti-lo, ofereceu-o. Não está aí, porventura, toda a história de Jesus? E não há, em cada Eucaristia, também o sinal do que deve ser a Igreja? Jesus pega em nós, abençoa-nos, "parte" nossa vida – porque não há amor sem sacrifício – e oferece-a aos outros, oferece-a a todos. E essa é nossa esperança. Quem tem Cristo a seu lado nada teme realmente. Os verdadeiros cristãos nunca são homens fáceis e condescendentes. Sua mansidão não deve ser confundida com um sentido de insegurança ou de submissão. Jesus é nossa Esperança!

8- Jesus iluminou o mistério de nossa morte. Com seu comportamento autoriza-nos a sentir-nos pesarosos quando uma pessoa querida falece. Ele ficou "profundamente" perturbado diante do túmulo do amigo Lázaro, "Jesus chorou" (Jo 11,35). Todos somos pequeninos e indefesos diante do mistério da morte. Contudo, diante da morte é uma graça que conservemos no coração a pequena chama da fé! "Vem, vem comigo, levanta-te". "Diante da morte só nos valerá a esperança da vida eterna". Reflitamos bem: em nossa morte o próprio Jesus virá perto de cada um de nós e pegar-nos-á pela mão, com sua ternura, sua mansidão e seu amor. E a cada um Jesus dirá: adulto, jovem, menina, "levanta-te, vem. Levanta-te, ressurge! (Lc 5,24; 8,54). Por isso não existe uma dicotomia entre a vida na Terra e a vida após a morte, mas continuidade.

9- Em sua Ascensão Jesus eleva-se ao Pai porque deseja que sua ressurreição seja comunicada a cada ser humano, e arrebate para o alto todas as criaturas. Terminará ali a esperança e será a realidade da vida plena. O martírio não é nem sequer o ideal supremo da vida cristã, porque acima dele há a caridade, ou seja, o amor a Deus e ao próximo. Explica-o muito bem o apóstolo Paulo no hino à caridade:

10- E no dia de Pentecostes os discípulos são transformados pelo sopro do Espírito Santo. Os homens e as mulheres que têm um 'por quê para viver' resistem mais nos tempos de desventura do que os outros. Mas quem tem Cristo a seu lado nada teme realmente. Por isso os cristãos nunca são homens fáceis e condescendentes. Sua mansidão não deve ser confundida com um sentido de insegurança ou de submissão. São Paulo encoraja Timóteo a sofrer pelo evangelho, e diz assim: "Porque Deus não nos deu o espírito de temor, mas de fortaleza, de amor e de moderação" (2Tm 1,7). Se caem levantam-se sempre. Somos missionários da esperança.

C) Deus, Pai de Jesus Cristo, em vez de castigar, oferece a liberdade fiel

A grande maioria dos problemas *da evangelização,* hoje, está na ideia de "***Deus todo-poderoso e vencedor***". É um conceito de Deus do Antigo

Testamento, mas que não sintoniza com o "ABBÁ, Papai de Jesus Cristo". Jesus ama e fala de tal maneira, que mostra *Deus fraco e vulnerável.* O Pai de Jesus é sensível *ao perdão e à fraqueza humana*. Deus é *misericórdia, é família, é a melhor Comunidade,* é *de todos* e não só dos Judeus. Mas o Deus de Jesus não é *justiceiro, nem vingativo, só poderoso no amor.*

A Revelação cristã é sempre evolutiva e progressiva. Jesus é a plenitude da Revelação Cristã. A pessoa cristã procura conhecer o Deus verdadeiro e ajustá-lo a nossa vida. Reconhecemos o erro sobre o sentido da vida *quando não soubemos perdoar, nem pedir perdão.* Nós confiamos, frequentemente, mais na força e no poder, *que na bondade, no perdão e no amor de Deus.*

Em todos os Evangelhos, a ideia principal sobre Deus gira em torno do amor e não da justiça legalista (dar a cada um aquilo que lhe convém). A ideia do Deus amor ultrapassa muito o rigorismo da lei, por isso Jesus ensinou "o sábado foi feito para o homem e não o homem para o sábado"(Mc 2,27), ensinou a repartirem o mesmo pão, escreve Ademir G. Azevedo.

Ora o "*Deus é Amor*" (1Jo 4,8.18) é a revelação fundamental da Palavra de Deus, sobre o "Abbá", Pai de Jesus. "*De tal modo Deus amou o mundo, que mandou seu filho não para nos condenar, mas para nos salvar"* (Jo 3,17). "*Quero a misericórdia e não sacrifícios"; "Não vim chamar os justos, mas os pecadores"* (Mt 9,13); *"Por sua misericórdia, Deus revela seu amor como o de um pai e de uma mãe que se comove pelo próprio filho até o mais íntimo das suas vísceras"*, afirma papa Francisco (*Misericordiae vultus*, 6).

Por isso devemos ter muito cuidado com '*nossas ideias* falsas' sobre Deus, sempre distantes da Revelação. "*Só mudando nossa mentalidade*, é possível '***construir uma civilização da liberdade***' *que supera todo medo; da igualdade,* que vence todo ato que pretende ser superior aos demais, *e da fraternidade,* que convida todos a repartirem o mesmo pão", escreve Ademir G. Azevedo.

Todo o nosso conjunto de *leis e condenações* origina-se da ideia de um '*deus justiceiro, que pune e castiga'.* A própria educação, que algumas crianças recebem, constata isso. Se a criança, mesmo brincando, faz algo que não agrada aos pais, imediatamente ela ouve: **"***não pode fazer isso, pois Deus castiga. Papai do céu está vendo tudo. Ele fica triste com você."* Às vezes, não se mede o grau dessas afirmações, mas com isso vamos gerando '*pessoas medrosas'*, distanciando-as de uma '*relação filial e amorosa com Deus'*. Se a nossa educação não consegue ser *de diálogo e de convencimento pelo testemunho e pela ternura*; então, sempre teremos, dentro de nós, *grandes opressores da nossa consciência,* escreve Ademir G. Azevedo.

Uma das lições para aprender de Jesus era *sua postura de liberdade, diante da lei.* Ele não foi do contra, mas demonstrou seus limites o confrontá-la com o valor imensurável da vida. Jesus deixou claro que existimos para a liberdade e não para as submissões humanas. Nenhum ser *humano deve escravizar outro semelhante*, com a *criação de códigos legais*.

Consequentemente, é difícil a 'liberdade interior' desabrochar perante as leis. Uma consciência bem formada, contudo, consegue integrar vida e ética, como imperativo categórico. Por isso nossa convivência deveria ser marcada pelo respeito e o cuidado com todos, sem necessitar de um código legislativo de repressão.

Nem sempre nossa prática religiosa tem a ver com o 'Deus Amor e misericordioso, que Jesus de Nazaré revelou'. A civilização ocidental possui forte tendência ao 'rigorismo e à observância de leis'. Somos educados numa visão maniqueísta da realidade, separando 'os bons e maus'. A linguagem torna-se condicionada entre "correto" e "incorreto", criando olhares de suspeitas que comprometem a convivência fraterna. Pois a ideia de 'um deus justiceiro' também não coloca o ser humano como alguém que necessita da nossa compaixão e amor. Nesse sentido, esquecemos a principal mensagem de Jesus, que o amor a Deus e ao próximo tem a mesma intensidade e fonte. "Quem diz que ama a Deus, que não vê, e não ama o próximo que vê, é mentiroso" (1Jo 4,20).

As religiões pagãs adoravam apenas a seus deuses; mas, muitas vezes, cometiam *crimes horríveis contra o próximo*. O que devemos evitar é uma *relação exclusivamente vertical* com Deus. *O cristianismo* sempre considera *o próximo e o ama, da mesma forma que ama a Deus*. O amor de Deus é o primeiro na ordem da intenção, da causalidade, mas o *amor ao próximo é o primeiro na ordem da execução*. Exatamente, por isso, precisamos evitar uma *relação meramente intimista*.

A experiência do Deus-Amor permite *Deus ser próximo e companheiro dos homens*; *entrar em sua história e redimi-la*. Quando esquecemos o *Deus--Amor, caímos na barbárie*. Seria o mesmo que *uma ética sem metafísica*. Por acaso não é isso que deveríamos descobrir nestes *tempos de intolerância*? Ensina Ademir Guedes Azevedo, Passionista e mestre em teologia fundamental na Pontifícia Universidade Gregoriana, Roma. *(In: UNIS 3/9/2020)*

3. O Espírito Santo, 'Senhor que dá a vida' e fortalece a 'Esperança'

Aprofundando

Se a pandemia parece ter semeado uma nuvem de grande escuridão e dúvida, a força do Espírito Santo está conosco. Agora, nestes *"tempos conturbados"*, é urgente nos aproximarmos da *Terceira Pessoa da Trindade;* pois é Ele que *vem em socorro de nossa fraqueza* (Rm 8,22).

No **século** IV, D. Macedônio, bispo de Constantinopla, questionou a natureza divina do Espírito, provocando uma polêmica inflamada com os grandes teólogos da ***Capadócia**, são Basílio, são Gregório de Nissa, são Gregório Nazianzeno e Santo Atanásio.* Foi o **Concílio de Constantinopla** que encerrou a questão em 381, definindo o Espírito *"Senhor que dá vida"*. Ele foi, portanto, plenamente reconhecido por todas as Igrejas históricas, tanto do Ocidente quanto do Oriente, como *"parte integrante"* da Trindade.

A) Quem é o Espírito Santo?

Senhor que dá a Vida

A Palavra de Deus revela: *"Ninguém conhece o que há em Deus, senão o Espírito de Deus"* (1Cor 2,11). Ora, seu Espírito, que o revela, faz-nos conhecer Cristo, seu Verbo, sua Palavra viva, mas não diz a si próprio. Aquele que *"falou pelos profetas"* (5) faz-nos ouvir a Palavra do Pai. Mas a Ele, nós não o ouvimos. Não o conhecemos senão no movimento em que Ele nos revela o Verbo e nos dispõe a acolhê-lo na fé.

O Espírito Santo é o *"Senhor que dá a vida". "Vigiai"* **é confiar no Espírito Santo** que, estando conosco, intercede por nós, quando vivemos também, como Jesus, nossos momentos de Getsêmani, de abandono, de ausência de Deus. *"Este Espírito que ele ricamente derramou sobre nós, por meio de Jesus Cristo, nosso Salvador, a fim de que fôssemos justificados por sua graça e nos tornássemos herdeiros da esperança da vida eterna"* (Tt 3,6-7). Na última ceia, Jesus diz: *"Eu pedirei ao Pai, e ele vos dará o Paráclito (Apoiador – o Espírito Santo), que estará convosco para sempre. Ele é o Espírito da verdade. Ele é o Espírito Santo, que o Pai enviará em meu nome, Ele vos recordará tudo e vos recordará todos os meus ensinamentos"* (Jo 14,16.26).

Vem em socorro de nossa fraqueza

O *Espírito Santo "vem em socorro de nossa fraqueza"* (Rm 8,22-27). *"Não vos deixarei órfãos"* (Jo 14,18). *"Eu estarei convosco até o fim dos tempos"* (Mt 28,20). O Espírito Santo dá alento em todo *esmorecimento*, protege *contra o desânimo* e conduz à *perfeição na caridade.* Como? "Vigiar na expectativa ardente é a forma mais forte de oração, porque constitui uma grande resposta humana à ocultação de Deus." O Espírito Santo nos dá *"a esperança cristã, desejamos e aguardamos, de Deu, com firme confiança, a Vida Eterna e as graças para merecê-la"* (Catecismo da Igreja Católica, n. 1843).

Em Jo 14,3 e v. 16, Jesus dá dois motivos para subir ao Céu: *"Vou preparar--vos um lugar e pedir ao Pai o envio do Espírito Santo* (Jo 16,7). E nesse clima de insegurança, Jesus ensina: *"Eu estarei convosco todos os dias"* (Mt 28,20).

É o Espírito Santo que vai continuar a Missão. *Quando Deus envia seu Filho, envia sempre seu Espírito: a missão dos dois é conjunta e inseparável.*

Os textos mais claros sobre a missão e ação do Espírito Santo são Jo 14 e 16. Festa do Pentecostes, para os Judeus, era para agradecer os dons e os frutos da colheita; e também a festa da Aliança no Sinai. Para os Cristãos, Pentecostes é a festa na qual o Espírito Santo entrega ao Pai os frutos da missão de Jesus sobre a terra. E o Espírito Santo dá a si mesmo como garantia da Nova Aliança, conquistada com o sangue de Cristo, e é a alma da Comunidade Igreja (At 2,3-4). *Como o corpo não vive sem a alma; a Igreja não vive sem o Espírito Santo.*

O Espírito Santo é o consolador e advogado

Vem para nos defender e consolar. Vem para tirar o medo (Jo 14,2), o Espírito da Verdade (Jo 16,3), garante a Salvação (2Cor 1,21) e é o Santificador (Rm 8,26), fortalecendo-nos para o testemunho (At 1,8; Jo 14,27). Nós somos templos do Espírito Santo (1Cor 6,19), que vem em nosso batismo, e somos fortalecidos com seus dons no Crisma.

O Espírito Santo *vem salvar, curar e iluminar*, ensina São Francisco de Sales. *"Não entristeçais o Espírito Santo" (Ef 4,30) e o* Espírito Santo nos é dado para produzirmos *bons frutos (Gl 5,22s).* O Espírito de verdade, que nos "revela" Cristo, *"não fala de si próprio"* (6). Tal esconder-se, propriamente divino, explica por que *"o mundo não o pode receber, porque não o vê nem o conhece"*, enquanto aqueles que *creem em Cristo o conhecem, porque habita com eles e está neles* (Jo 14,17) – CIC, n. 687.

B) Resumo

– "E, porque sois filhos, Deus enviou para nossos corações o Espírito de seu Filho, que clama: *'Abbá!' Pai!"* (Gl 4,6).

– Desde o princípio até a consumação do tempo, quando Deus envia seu Filho, envia sempre seu Espírito: a missão dos dois é *conjunta e inseparável.*

– *Na plenitude dos tempos, o Espírito Santo realiza em Maria todas as preparações para a vinda de Cristo ao povo de Deus. Pela ação do Espírito Santo, nela o Pai dá ao mundo o Emanuel, "Deus conosco"* (Mt 1,23).

– *O Filho de Deus é consagrado Cristo (Messias) pela unção do Espírito Santo, em sua Encarnação* (CIC 118).

– *Por sua morte e ressurreição, Jesus foi constituído Senhor e Cristo na glória* (CIC 119). *De sua plenitude, Ele derrama o Espírito Santo sobre os Apóstolos e sobre a Igreja.*

– *O Espírito Santo, que Cristo-cabeça derrama sobre seus membros, constrói, anima e santifica a Igreja. Ela é o sacramento da comunhão da Santíssima Trindade com os homens* (CIC 742-747).

C) Ação do Espírito Santo, hoje

É impossível defini-la de modo exaustivo. Mas isso não isenta o ser humano da tarefa de desvendá-la. E quando, surpreendentemente, ele irrompe, alegramo-nos e celebramos, empolgamo-nos e nos tornamos ébrios com sua graça.

No entanto, o ***Espírito Santo*** permanece sendo um *desconhecido para a maioria das pessoas*. É claro que muitas experiências nos mostram sua ação nas dobras da história: do *Vaticano II* à *queda do império soviético*, do nascimento de uma nova sensibilidade ecológica ao reconhecimento dos direitos das mulheres.

A espiritualidade - vivência no Espírito - é a inspiração para um "horizonte de esperança e de capacidade de autotranscendência", diz Leonardo Boff. Ela é capaz de provocar em nós mudanças substantivas e apontar caminhos jamais traçados e que são essenciais para nossa sanidade. A esperança cristã, como uma tábua de salvação segura, aliviará nossos temores atuais e nos dará uma orientação imediata na vida presente. Precisamos da certeza de que "Deus não pode abandonar seu povo".

Teólogos de todos os tempos nos ajudam para nos aproximarmos do mistério. Sem jamais alcançá-lo, para a linguagem humana, o Espírito é *"explosão de energia, movimento da matéria", "princípio da vida e provocador das consciências"*, explica L. Boff. E diz mais: *"Pensar no Espírito é pensar o movimento, a ação, o processo, a história e a irrupção do novo e do surpreendente. E pensar o devir, o constante vir a ser".*

A quarentena tem obrigado as pessoas a ficarem reclusas e isoladas. Nem todos têm esse hábito de recolhimento e solidão. Apesar de as calamidades serem fruto de grandes pecados, com a graça de Deus, devemos tirar lições positivas. Podemos, positivamente, suscitar uma "chispa" de vida espiritual, e entrarmos no mundo interior e retomarmos um caminho distinto para a vida. Um tempo propício para começar a "desintoxicar nosso modo de vida", para além do fechamento egoísta e da fixação de identidade, como ensina Edgar Morin.

Temos assim a possibilidade única de buscar uma "vida de baixa definição", para utilizar uma expressão de Thomas Merton; de romper o ritmo frenético de nossas atividades, dessa sede de produtividade e consumo para auscultar o mundo interior. A felicidade, diz Merton, "não é questão de intensidade, mas de equilíbrio, de ordem, de ritmo e de harmonia".

Descobrir que podemos muito menos do que pensamos, aceitar o imponderável, que nos governa, e acolher com humildade o que ainda não dominamos pode ser muito benéfico. Pode ser uma verdadeira terapia para aqueles que precisam descansar a cabeça do peso de sua coroa de espinhos narcísicos.

L. Boff explica mais: O Espírito Santo é a *"**fantasia de Deus**"* porque *"dele surgem os grandes sonhos, aqueles que impelem a criatividade"*. É o *Espírito* que inspira poetas e escritores – *não necessariamente aqueles que tratam de temas religiosos – a narrar a vida em suas luzes e sombras.*

E é pela obra do Espírito que *"o artista e o artesão extraem da matéria, madeira, pedra, mármore e granito, uma imagem que somente eles veem em seu íntimo e a trazem à luz".* Se, no balé, *"o corpo se torna espírito"*; é na música que o Espírito se derrama com densidade especial. *"Os sons são invisíveis – o espaço e o tempo não podem segurá-los, como o Espírito, que nada pode limitar suas ações. Eles projetam melodias que elevam (...) consolam, fazem chorar pela beleza e sorrir pelo assombro".*

As artes têm uma profunda afinidade com o *Espírito,* pois possuem um valor intrínseco: *"Não servem como meio para outra coisa; embora em sua forma decadente podem estar a serviço do mercado e ser uma fonte de enriquecimento. Por si só, arte, música e poesia têm valor, mas não têm preço (...), de alguma forma escapam do tempo e nos doam uma pequena amostra da eternidade".*

Na consciência de que *"o Pentecostes* foi apenas o começo. Ele se estende ao longo da história, em sua amplitude e duração, e chega até mesmo aos dias atuais, *em que temos de viver e sofrer". A **"fantasia de Deus"*** é inesgotável. *À* frente, aprofundaremos os Dons do Espírito Santo (L. Boff Uni 27.11.20).

O poema "Esperança", do cubano Alexis Valdés, segundo papa Francisco, *"ilustra o caminho de um futuro melhor"*. Em seu livro *"Vamos sonhar Juntos",* ao concluir o livro, diz: *"Deixemos que seja a* ***poesia*** e sua beleza que tenha sua última palavra; essa poesia capaz de nos ajudar a nos descentralizarmo-nos e transcendermos para que nossos povos tenham vida (Jo 10,10)" *(In: UNIS 11/12/ 20).*

4. A Esperança (poesia)

Quando a tormenta passar
e as estradas estiverem amansa-
das,
que sejamos sobreviventes
de um naufrágio coletivo.
Com o coração choroso
e o abençoado destino
nos sentiremos felizes,
simplesmente, por estarmos vivos.
E daremos um abraço
ao primeiro desconhecido
e louvaremos a sorte
de conservar um amigo.

E então recordaremos
tudo aquilo que perdemos
e, de uma vez, aprenderemos
tudo o que não aprendemos.
Já não teremos inveja,
pois todos tinham sofrido.
Já não teremos brigas
e seremos mais compreensivos.

Valerá mais o que é de todos
que o jamais conseguido.
Seremos mais generosos
e muito mais comprometidos.

Entenderemos o frágil,
o que significa estar vivos,
manifestaremos simpatia
por quem está e por quem partiu.

Sentiremos falta do velho
que pedia uma esmola no merca-
do,
de quem não soubemos o nome
e sempre esteve ao teu lado.

E talvez o velho pobre
eras tu Deus, disfarçado.
Nunca perguntaste por seu nome
porque estavas apressado.

E tudo será um milagre,
e tudo será um legado
e se respeitará a vida,
a vida que havíamos ganhado.

Quando a tormenta passar,
Peço-te, Deus, envergonhado,
que nos devolvas melhores,
assim como nos havias sonhado.

PARTE III

NO CAMINHO DA ESPERANÇA

Propostas pastorais

Só a Esperança pode animar nossa Pastoral Evangelizadora. A Realidade urge mudanças.

"Seria um suicídio se, depois da pandemia, voltássemos aos mesmos modelos pastorais de antes."

"Nada será como antes, e nunca mais voltaremos à normalidade." Devemos ter consciência de que ***tudo está interligado;*** não podemos mais ignorar as consequências de agir sem o respeito devido ou adiar as ações necessárias. Não podemos esquecer que as orientações dos cuidados deverão orientar a pastoral depois. Liturgia renovada, maior uso dos MCS, importância dos Pascons e o cuidados com as grandes concentrações!

Considerando que *tudo está intimamente relacionado* e que os problemas atuais exigem um olhar que leve em conta todos os aspectos da ***crise mundial***.

– Papa Francisco mostra-nos ***o caminho*** a ser percorrido para sair da pandemia: *"Não há outro: ou continuamos pelo caminho da solidariedade* ou a situação ficará pior". *"De uma crise não se sai como antes",* reiterou. *"De uma crise se sai melhores ou piores, temos de escolher. E a solidariedade* é o melhor caminho para sairmos melhores."

Teremos, aqui, as *Grandes Orientações da Igreja* central (Vaticano), *da CNBB* e da *CSSR* e outras. E apresentamos quatro comentários sobre o "lado Econômico". Não deixe de ler.

1. A esperança e a Igreja atual

Por Dom Grech *(Secretário geral do Sínodo dos Bispos)*

"Um suicídio seria cometido se, depois da pandemia, voltássemos aos mesmos modelos pastorais de antes", afirma D. Mario Grech.

Em maio de 2020, escrevia uma carta aos sacerdotes, de sua Diocese de Gozo, em Malta, onde afirma suas orientações, que vamos conhecer.

É uma exortação muito forte, a partir da qual começamos uma conversa abrangente sobre os limites e recursos pastorais que surgiram nesse período de confinamento.

a) Criatividade pastoral para evitar novos clericalismos

Dom Grech adverte contra o fato de se reduzir a uma *"Igreja da sacristia, afastada das ruas ou que se contenta em projetar a sacristia nas ruas"*. Portanto ele observa que esses últimos meses de isolamento, sofrimento e dor também foram *"uma oportunidade (um kairós) para a atualização e a criatividade pastoral"*, e isso deve nos convencer de que não podemos voltar *"às modalidades que empregávamos antes da pandemia"*. Um período que, adverte, também levou ao surgimento, entre alguns cristãos, consagrados e leigos, de *"um esquema de forte clericalismo"*.

O prelado citou as palavras de ***Georges Bernanos*** sobre o *"cristianismo decomposto"*. *"De que vale a profissão de fé – pergunta-se –, se depois essa mesma fé não se torna fermento que transforma a massa da vida?"*

b) Redescobrir o valor da "Igreja doméstica"

A partir daí, a reflexão se move para a dimensão da *"Igreja doméstica"*, que teve um ímpeto renovado nesses últimos meses, caracterizados pelo ***confinamento***.

Dom Grech observa que certo clericalismo desgastou, desde o século IV, "a natureza e o carisma da família como ***Igreja doméstica***". E isso apesar de o Concílio Vaticano II ter recuperado "a noção da família como Igreja doméstica (LG 11, AA 11) e ter desenvolvido o ensinamento sobre o sacerdócio comum (LG 10)".

Para o Secretário do **Sínodo**, "assim como era nos primeiros séculos, também, hoje, a família poderia ser uma fonte de vida cristã". Além disso, "como estrutura básica e permanente da Igreja, deveria ser restituída à família, *'domus ecclesiae'*, uma dimensão sagrada e cultual".

Ele lembra que tanto **Santo Agostinho** *quanto* **São João Crisóstomo** ensinaram, no rastro do judaísmo, que "a família deve ser um ambiente em que a fé possa ser celebrada, refletida e vivida. É dever da comunidade paroquial ajudar a família a ser escola de catequese e sala litúrgica onde o pão possa ser partido sobre a mesa familiar. Os pais, em virtude da graça do sacramento do matrimônio, são os 'ministros do culto', que, durante a liturgia doméstica, partem o pão da Palavra, rezam com ela, e assim ocorre a transmissão da fé aos filhos".

Dom Grech espera que o Senhor multiplique os muitos exemplos de famílias *"criativas no amor"*, prontas para a "criação de espaços para a oração, assim como para a disponibilidade em relação aos mais pobres".

c) Serviço ao próximo, via mestra do amor cristão

Igualmente importante na *pós-pandemia,* segundo Dom Grech, será "***o ministério do serviço***", a diaconia também como "nova" via de evangelização. "O partir do pão eucarístico e da Palavra – adverte – não pode ocorrer sem o partir do pão com quem não o tem, 'os pobres são teologicamente o rosto de Cristo'."

A diaconia, continua o bispo, *"é a via mestra para experimentar o amor cristão"*. O *Evangelho* é comunicado não só com a pregação, mas também com o serviço. A aproximação de muitos à Igreja não ocorre graças ao catecismo, mas sim por meio de uma *experiência diaconal* significativa. Como diz o Papa, *"se descermos entre os pobres, descobriremos Deus"*.

Dom Grech compartilha o que lhe foi escrito por um agente humanitário, após o resgate de um grupo de migrantes no mar, graças ao empenho de sua diocese. "Infelizmente, afirma a mensagem recebida, muitas vezes, no passado, vimos incompreensões entre a Igreja e as pessoas, até mesmo não cristãs, de boa vontade. Hoje, as coisas estão mudando, e essas sentem a Igreja como amiga porque ela escuta o grito dos pobres e tenta socorrê-los."

d) Em tempos de crise, a Igreja deve anunciar a alegria do Evangelho

Nessa "mudança de época", segundo Dom Grech, "a contribuição que a Igreja pode ou, melhor, deve dar a essa sociedade é anunciar Jesus Cristo, a alegria do Evangelho". E isso, como lembrado pelo Papa, no discurso à ***Cúria Romana***, para as saudações natalícias do dia 21 de dezembro passado, levando em consideração ainda mais que, na *Europa* e em grande parte do *Ocidente*, a fé cristã "não é mais um pressuposto óbvio da vida comum, ao contrário, frequentemente é negada, zombada, marginalizada e ridicularizada".

D. Grech *retoma a célebre observação de* De Lubac, em *"O drama do humanismo ateu"*, segundo o qual "não é verdade que o homem [...] não pode organizar o mundo terreno sem Deus. É verdade, porém, que, sem Deus, no fim das contas, o homem *só pode organizá-lo contra o homem*". Ao mesmo tempo, ele destaca que, nessa pandemia, às vezes, "as considerações econômicas e financeiras prevaleceram sobre o bem comum". Uma dinâmica que deve ser corrigida.

e) Fortalecer o estilo sinodal, verdadeiro antídoto contra o fechamento

No diálogo com as mídias vaticanas, Dom Grech concentra-se no Tema do Próximo Sínodo: *O Caminho Sinodal.* O "dom da *sinodalidade* é o novo dom que o Espírito Santo oferece à Igreja *c*omo estilo de vida eclesial".

"O caminho sinodal – afirma ele, retomando o papa Francisco – é o caminho que Deus espera da Igreja do terceiro milênio" e sublinha que, "como dinamismo de comunhão, a sinodalidade é, acima de tudo, uma integração afetiva de todos os participantes; no espírito do diálogo, todos podem contribuir para chegar às convergências".

Para o Secretário do **Sínodo dos Bispos**, "embora seja um termo pertencente ao léxico eclesiástico, a sinodalidade também pode ser proposta à sociedade civil. Adotada como princípio operacional pelo mundo laico, a sinodalidade poderia ser um estilo que corrobora as relações interpessoais e a fraternidade humana. A **sinodalidade** é um antídoto contra o fechamento e nos ajuda a apreciar a beleza da comunidade".

ESTILO SINODAL. *Quer ser*:

1. O estilo cristão é um estilo sinodal, como em At 2,4 e 15; é *pluriministerial.*
2. O "*problema comum*" poderá ser superado "*caminhando juntos*".
3. O estilo sinodal como proposta também para a *sociedade civil.*
4. Estilo que fortalece a *"fraternidade" e a participação.*
5. O bem comum é o *bem integral da pessoa.*
6. Somos Comunidade global *navegando no mesmo barco.*

É claro, admite ele, que "**caminhar juntos** não é uma tarefa muito fácil, tanto na Igreja quanto na sociedade. Todos precisamos nos treinar nesse exercício tão vital para o futuro". E, olhando para o próximo **Sínodo**, focado precisamente no tema da sinodalidade, Dom Grech espera que "tanto a reflexão anterior à celebração do **Sínodo** quanto o trabalho dos Padres sinodais possam oferecer uma contribuição nessa direção. (UNIS 1.6.20 e 23.11. 2020)

2. No caminho da esperança, a CNBB

Desafios pastorais

Também a CNBB, do Brasil, em sua ação Pastoral e Evangelizadora, deve orientar todos em uma linha de muita confiança e esperança.

O desafio pastoral, ditado pela situação atual, sugere evidenciar na catequese, na pregação e no diálogo com as pessoas, a consciência da precariedade dos bens, incluindo a saúde e a vida, e lembrar que tudo é dom antes que direito, tudo é provisório antes que seguro, tudo é *mortal antes que eterno*. As atividades religiosas presenciais, como celebrações, reuniões, encontros de catequese, cursos etc., foram suspensas durante vários meses da quarentena na pandemia.

A Igreja no Brasil teve e tem clareza de que *os problemas não são apenas sanitários*. Envolve também aspectos econômicos e sociais, além de políticos e de informação. A CNBB fez a opção de se manter na linha das orientações sanitárias, destacando o distanciamento social e o uso das demais medidas protetoras.

– Conseguimos ver com clareza:

1) centrar-se nas *orientações das autoridades sanitárias*, para além das politizações;

2) estimular a *solidariedade tanto no nível material mais imediato*, quanto no nível emocional; e

3) *trabalhar em rede*, com instituições que tenham as mesmas finalidades.

– Com *atenção especial para três pontos*:

1. conscientização a respeito das *regras de proteção*;
2. acesso aos alimentos diante *da fome e do desemprego*; e
3. *escuta do maior número* possível das vozes, para as soluções.

Dez pontos de Orientação da CNBB:

Realizado pela Equipe de Análise de Conjuntura Eclesial, coordenada por Dom Paulo Cezar Costa.

Eis as orientações sempre atualíssimas.

1. **Mídias Sociais:** o uso das mídias sociais *deverá continuar a ser um grande elemento da* presença da Igreja, de evangelização, da missão, de oração, com o povo, de promoção, de promoção da caridade e da solidariedade. Esse caminho exigirá maior investimento na Pastoral da Comunicação (PASCOM).

2. **No cotidiano da vida moderna:** a Igreja deve estar preparada para se manifestar como uma mãe que cura feridas, que oferece o remédio da consolação e da esperança (...), conduzindo as pessoas a um sentido mais profundo da existência, a um retorno às raízes, que se encontram no mistério eterno do amor de Deus. Incentive-se o *ministério da escuta*, a ajuda de profissionais, como psicólogos, que em nossas comunidades possam ajudar e atender, principalmente, *os mais pobres*.

3. **Questão do sentido da vida:** a experiência de finitude e impotência poderá auxiliar a revermos nossa condição humana dependente de Deus. A Igreja deve estar preparada para acolher as pessoas fragilizadas não como uma alfândega cheia de exigências e fardos pesados, mas como uma mãe misericordiosa, conduzindo as pessoas ao encontro com a pessoa de Jesus Cristo e integrando-as na comunidade de fé.

4. **Igreja doméstica** e comunidades eclesiais missionárias: a família redescobriu estar junta, rezar unida, compartilhar a vida e a existência. Essa redescoberta e valorização da "Igreja doméstica", à luz das Diretrizes da Ação Evangelizadora da Igreja no Brasil 2019-2023, pode impulsionar o valor das comunidades eclesiais missionárias. Neste momento, em que dramas humanos se afloram

e explodiram, inclusive levando a um crescimento de *separações de matrimônios, aumento de violência familiar, que vitima mulheres, crianças e doentes*, esta realidade *exigirá presença da Igreja*, presença para ajudar a sarar feridas e corações machucados. Respeitadas as orientações sanitárias, as missas vão retornando e, mais adiante também, os demais encontros de comunidade.

5. **Pessoas em situação de miséria**: a Igreja continuará a ser interpelada em seu cuidado com os últimos de nossa sociedade. Envolver todos os atores da vida da sociedade: poderes públicos, mundo empresarial, meios de comunicação, instituições educacionais, **ONGs**, cada cidadão. De imediato, assistir os pobres. Ir além dos discursos e além do assistencialismo, colocando nossas estruturas a serviço e criando parcerias que possam ajudar as pessoas a serem sujeitas da própria história. Apoiar pequenos cursos que ajudem as pessoas a criarem seu próprio negócio. Apontar caminhos e meios para que os indivíduos possam ser sujeitos da própria história.

6. **Ritual das Exéquias:** a Igreja não pode perder de vista que é direito das pessoas chorarem e fazerem a última despedida antes de sepultar os corpos, sempre que possível! A ausência desses rituais causa uma *lacuna na vida de pessoas e famílias* inteiras, com sentimento de vazio e impotência. A pessoa tem o direito da *Cerimônia de Exéquias*, que ajuda no processo de superação do luto. Aqui o caminho da justa criatividade acompanhada pela responsabilidade deve ajudar.

7. **Orientação da Organização Mundial da Saúde (OMS)**, normas do Estado e dos Municípios: a Igreja deve sentir-se *sujeito das normas justas emanadas pela autoridade civil, principalmente se visam preservar e promover a vida humana*. Diante das intervenções indevidas de agentes do Estado afirme-se a liberdade da Igreja de exercer livremente sua missão (*Declaração Dignitatis Humanae* 2) se em algum momento, por imprudência ou excesso de zelo de representantes de ambas as partes, acontecerem conflitos ou exorbitância na competência, o caminho para a solução passa sempre pelo diálogo.

8. **Paróquias, comunidades em dificuldades financeiras:** é tempo de manifestação concreta do amor por meio da ajuda entre paróquias, que *têm melhores condições econômicas e aquelas menos favorecidas*, entre irmãos que têm condições melhores e irmãos que têm condições piores.

9. **Saúde física e psicológica dos presbíteros:** oferecer *suporte humano e psíquico aos presbíteros* e, se preciso for, indiquemos psicólogos(as) que possam *ajudá-los no equilíbrio emocional*.

10. **Preservação da vida e economia**: o cuidado para não entrar no falso dilema entre escolha da *preservação da vida ou da economia,* pois, as oposições podem manifestar visões parciais da realidade. O cuidado da vida sempre levará em consideração o cuidado com a economia, pois a centralidade deve *ser a pessoa, não o lucro.*

Por fim, **uma observação**: essa leitura não dispensa uma leitura, um estudo e uma reflexão do texto: ***Pandemia e pós-pandemia: dez pontos para reflexão*** – em sua totalidade. Na fé alimentemos nossa esperança e nossa resistência. *(In: UNIS 18/11/20)*

O papa Francisco ensinou *"que, aproximar-se de Cristo, é obviamente algo íntimo e pessoal, mas nunca está fora do contexto da comunidade cristã inteira".*

"Uma familiaridade sem comunidade, uma familiaridade sem o pão, uma familiaridade sem a Igreja, sem o povo, sem os sacramentos é perigosa", alertou.

3. Vida religiosa e a esperança

Os religiosos(as) existem para serem *Homens e Mulheres da ESPERANÇA*; a Esperança sempre estará ligada à Ressurreição de Jesus. É a Ressurreição que fundamenta toda a nossa Esperança. *A esperança é sempre algo de Deus.* Os religiosos(as), por sua opção religiosa e consagração, são anunciadores do evangelho da Vida e do seguimento de Jesus Cristo, em sua dedicação aos mais necessitados e nas situações mais graves. São evangelizadores de uma fé mais evangélica e profunda e são testemunhas da vida futura.

Pela vida e pelo testemunho

As crises são um tempo para *"aprofundar nossas raízes"*, nossa identidade, nosso ser como consagrados e consagradas ***a serviço da vida***. *Há uma esperança para seu futuro, ensina o profeta Jeremias; levando-nos a descobrir que "a esperança* é algo de Deus". E fazendo com que nossa vida seja um mistério, seja um lugar onde as pessoas toquem e digam Deus existe, a esperança existe. Para isso acontecer devemos superar o *"clericalismo, demagogias, formas verticais de fazer as coisas"*, e colocar-nos na condição de irmãos, de fazer um apelo ao sinodal, de construir com os outros e na condição de irmãos, transcendendo a idolatria do individualismo, de redescobrir razões para viver, de sair dos pedestais e tocar mais o pó e o humano", relembra a Ir Miriam.

É necessário *assumir os valores do Evangelho, como horizontes de ser e agir, apostando em caminhar com outros, abraçando a situação dos pobres e excluídos,* cada vez mais numerosos, empenhados na formação de uma consciência crítica e de responsabilidade social, deixando ressoar as propostas de *Fratelli tutti*. É tempo de *gerar utopia, de aproveitar as oportunidades para gerar redes que ajudam a cuidar da vida, da terra e das culturas. "Fazer desta crise um laboratório de aprendizagem, que nos permita desvendar novos caminhos, despertar uma sensibilidade que nos permita a todos nós envolvermo-nos e exercitar a compaixão"*, relembra a *Ir. Maria Inês, MAD.*

A ex-presidente da ***CRB*** fazia um *chamado a testemunhar esperança para todos os machucados pela pandemia, e assim não trair a mais fundamental vocação.* Ela se perguntava se existe uma esperança para as congregações, convidando a se perguntar quais são os sinais de futuro que estão presentes, hoje, em cada congregação?

Seguindo as palavras do ***papa Francisco***, *que ensina "como na vida religiosa somos construtores dessa mudança que não pode ser adiada".*

***Testemunho*:** A presidenta da CRB afirma *"o que nos machuca muito é porque vemos que há pessoas que estão surdas, cegas e mudas"*. Ela definia o momento atual como "o tempo de cuidar", de nos focarmos no essencial, lembrando que no carisma de muitos fundadores está o chamado a *"ser uma resposta onde a vida mais clama".*

A religiosa cita exemplos concretos, como:

– **Frei Mariano**, o jovem franciscano que trabalhava no *Barco Hospital Papa Francisco*, no Estado do Pará, e que faleceu, vítima da *Covid-19*;

– o *testemunho da vida religiosa em Roraima,* onde todas as comunidades, **de *25 congregações***, estão envolvidas de alguma maneira com os migrantes. O confinamento tem sido "oportunidade para compreender melhor nosso ser", afirmava a *irmã Maria Inês,* percebendo a necessidade de *"sermos mais coerentes, mais autênticas, mais radicais"*. Entendendo que estamos todos no mesmo barco, o que tem que nos levar a nos ajudarmos, *refletindo sobre o que significa a vida em comunidade para a vida religiosa.*

Também recordava o convite do **papa Francisco** à Vida Religiosa: *"abraçar o futuro com esperança"*. Para abraçá-la tem de estar em pé, tem de se perguntar que causa quer abraçar e discernir quem precisa de meu abraço e quer abrir os braços e as mãos. É um chamado a *"dar testemunho da vida que clama por Ressurreição, por esperança, por alegria, por fé, por transcendência".*

A vida religiosa tem a *missão de animar a fé do povo de Deus e ajudar a vivê-la com confiança e paz.* Devemos libertar-nos de toda falsa imagem de Deus e olhar para **Jesus**, que, diante da dor do ser humano e da humanidade, aproximou-se com compaixão, chorou nossas lágrimas, indignou-se com o mal, levantou quem estava caído e curou quem estava doente. E, assim, revelou-nos um único rosto de Deus: *o Deus do amor que cuida de nós e quer nossa total libertação e felicidade.*

Portanto **digamos sem medo:** *Deus não manda o mal, nem o permite para fins educativos, nem o tolera. Deus não tem nada a ver com as pandemias da humanidade.* Na experiência do sofrimento e da noite, Deus certamente pode revelar-se de muitos modos e também tirar disso algo de bom para nós.

Hoje, estamos diante de uma *nova possibilidade de renascimento*. A crise de Deus pode ser o início de uma nova descoberta de sua presença, como de um *Deus amigo, apaixonado por nossa vida, tocado profundamente por nossa dor, solidário. Um Deus amigo de nossa alegria*. A vulnerabilidade, a incerteza e também a solidariedade - que nasce de uma leitura permanente da fé da realidade - levaram a vida religiosa a dar respostas concretas, especialmente entre os mais pobres, afirma Pe. Consentino (Unis, 19 abril 2021).

4. A esperança cristã e o luto

A vida é um dom da família e um presente de Deus. Presente que nós não pedimos, mas *agradecemos*. Como agradecemos nossa família, nossos pais, irmãos e amigos. A vida é uma bênção. Alegramo-nos com o nascimento e choramos com a partida. Na verdade, a vida é uma mistura de *alegrias e de sofrimentos*. Nossos dias não são iguais. A Vida é um *dom e uma graça de um Deus que nos ama*; de um Deus que se apaixonou por nós.

Nós *não nascemos para morrer, mas para a Vida Eterna*. Por isso nossa vida será transformada, e um dia vai abrir-se a porta para a Vida Plena e Eterna.

Jesus ensina: *"Na casa de meu Pai há muitas moradas. Se não fosse assim eu vos teria dito. Vou preparar um lugar para vós. E depois que eu tiver ido e preparado um lugar para vós, voltarei e vos levarei comigo, a fim de que, onde eu estiver, estejais vós também"* (Jo 14,2).

Nossa certeza é de que *"nosso destino final"* não será em *algum lugar assombroso* dos mortos, nem em um "Xeol despersonalizado" (dos judeus), nem em uma nova vida terrena, depois de várias reencarnações. Às vezes, parece que muitos cristãos só conseguem encontrar consolo na *expectativa errônea* de que o morto reencarnará para uma nova vida. É Deus que nos quer salvar e não nossas reencarnações.

Nosso destino final é a *comunhão pessoal e íntima com Deus e os irmãos na Vida Plena*. É esse o plano de Deus e é para isso que ele nos criou. Para que nele e por intermédio dele cheguemos à *plenificação em Deus*.

a) Atitudes diante da morte

Não existe *morte humana natural*, pois a morte de um ser humano é sempre, de certa forma, *terrivelmente prematura*. Mas quando nos deparamos com a despedida definitiva de um ente querido, chega a ser um dos dias mais sofridos e dolorosos da vida!

Diante do fato de nossa morte, diante do fato da morte de nossos entes queridos, há uma pergunta: ***O que há além da morte?***

Podemos resumir que *há três respostas* diante da morte: a dos *Ateus* – que dizem tudo acabar na morte; a dos *Espíritas* – que voltarão pela reencarnação; e a dos *Cristãos – que, pela Ressurreição de Cristo, nós cremos, que o Pai nos levará consigo para a "Plenificação Eterna".*

Geralmente, no Ocidente – pois no Oriente é diferente –, *fugimos do assunto da morte*. Poucos conversam sobre ela e poucos se preparam. Diante do fato, muitos se revoltam com Deus (com o médico, consigo). Somente com o passar do tempo, vão-se acalmando e entendendo que a vida é assim mesmo. Por isso *pensar na morte nos ajudará a viver melhor*, com mais verdade e sem tantos apegos materiais; assim teremos mais paz, conforto e tranquilidade, em vez de revolta.

Por causa da quarentena, milhares de famílias, que perderam seus entes queridos, não puderam despedir-se em uma cerimônia tradicional, e *o apoio social e os rituais de passagem, dentro de cada crença*. "Sem esses processos, essenciais para elaborar nossas emoções, *sentimos frustração, raiva e sentimento de culpa, muito comum neste momento"*, ressalta a psicologia.

b) A morte nos deixa muito tristes e cheios de perguntas, pois há um corte e uma separação.

Quando a morte nos separa de uma pessoa que amamos, sentimos a dor e o escândalo de tal separação. Temos todo o direito de estarmos tristes. A morte é terrível, e nenhuma força do mundo é capaz de eliminar sua absurdidade. Ninguém pode banalizar a morte e sua dor. *Por que precisamos morrer, e, às vezes, com tanto sofrimento?* Como lidar com a tristeza, que enche nosso coração?

Todos têm todo o direito de estar tristes!
Todos têm o direito de chorar!
Mas todos também têm o direito de saber.
Eu gostaria de acompanhar sua tristeza e seu medo.
Gostaria de ficar ao lado daqueles que estão a chorar.
Para que em sua depressão não estejam sozinhos e abandonados.
Para que não se desesperem em suas angústias.
Para que em sua dor não se apague a esperança dentro de seus corações.

– O sofrimento no luto é uma realidade. Com o sofrimento mundial, somado à crise política no Brasil, não se espante se você passar por dias de tristeza, raiva, culpa ou desamparo. Isso que você pode estar sentindo é "o luto". "Passamos por uma mudança muito grande em nossa vida; nosso corpo e nossa mente passam por um processo de adaptação. O que pode levar ao estresse, à ansiedade e à angústia", explica a psicóloga Dra. Danielle Ghirotti (Yahoo, 6.6.20).

Cada cultura tem um modo de celebrar seu luto; ainda com 'carpideiras', comida etc. *Cada pessoa* reage ao processo de luto de uma maneira diferente. "*O luto não pode virar patológico. Quando não vivemos o luto do momento, ele continua a existir em nossa vida. A pessoa geralmente vive mais irritada, mais depressiva ou até mesmo apática. Enquanto ela não trabalha aquele luto, ela não sai do ciclo*", diz a Dra. Danielle. A ajuda psicológica ou neurológica e mesmo religiosa ajuda muito; e não pode passar sem ajuda, depois de seis meses.

Prosseguindo, a morte é um escândalo *até para Deus*. E frente à morte que o próprio Deus está sendo desafiado. "*Não se faça a minha vontade, mas a vossa.*" Nem o próprio Deus banalizou-a.

O próprio Deus leva a sério a morte. *E a leva tão a sério que Jesus Cristo,* também, teve medo! *E ele mesmo passou pela experiência da morte. O próprio Deus morreu; e se esta morte de Deus tivesse sido a última manifestação dele, então nossa fé realmente não teria consolo nenhum diante da morte.* Neste caso, *nossa fé, de fato, seria em vão*, como diz São Paulo (1Cor 15,14).

Só que não é assim; e a *morte de Deus não é a última Palavra de Deus.*

A última Palavra de Deus *é* ***a superação da morte pela RESSURREIÇÃO.*** É na própria morte que Deus se revela como sendo mais forte do que esta morte. Deus se revela como sendo um Deus que supera a morte.

c) O que há depois da morte?

Estas e tantas outras indagações enchem o coração de quem perdeu uma pessoa querida.

São *três perguntas fundamentais*:

1. A pessoa amada nos deixou. Onde ela está? Como podemos **ter certeza de que está em um lugar bom**? **R.:** A pessoa está com Deus. Na vida há uma mistura de sofrimento e alegria. *E lá só há alegria e Paz.* Sim, ela está bem.

2. Será que podemos alimentar a esperança de que **um dia vamos nos reencontrar?** Ela não nos deixou para sempre! **R.:** É só lembrar a multidão que está no céu! *Ninguém podia contar. Viveram o caminho de Jesus*.

3. E, por fim, o que ***acontecerá com nós mesmos*** depois de nossa morte? **R.:** *Encontrar com Deus que nos criou e nos chamou para Vida Plena e eterna que seu Filho mereceu para nós. Ele que nos quer em seu Reino, juntamente com sua mãe Maria, Mãe misericordiosa.*

Nossas respostas estão na *Palavra de Deus, em nossa fé e em nossa religião.*

d) Fundamentos de nossa esperança cristã?

A esperança, pela qual nossa experiência atual não é a última palavra, é porque temos a certeza de que a morte não é o fim. A esperança de que, para além de toda dor e de toda morte, há uma mão que *"enxugará as lágrimas de nossos olhos"*, e de que assim *"a morte já não existirá nem haverá luto, nem pranto, nem fadiga, porque tudo isso já passou"* (Ap 21,4).

– Sabendo que nossa fé deixa a desejar, São Mateus afirma: *"Deus é um Deus da vida e não da morte"* (Mt 22,32). Deus nos deu uma prova de que ele é mais forte do que a morte. Deus ressuscitou Jesus. *Ressuscitado, Jesus apareceu a Maria Madalena, aos Apóstolos e a mais de 500 irmãos nossos (1Cor 15,6). Em sua Ressurreição, fundamenta em nós a esperança de que também voltaremos à vida, depois da morte,* pois Jesus é verdadeiro Deus e verdadeiro homem.

– O Apocalipse de João, em uma visão grandiosa, quer transmitir aquilo que é o *"centro da Boa Nova cristã"*: era *"uma grande multidão que ninguém podia contar, de todas as nações, tribos, povos e línguas"* (Ap 7,9), reunida em torno de Deus, em uma felicidade inimaginável. Eles *"nunca mais terão fome nem sede; nunca mais serão queimados pelo sol, nem pelo calor ardente"* (Ap 7,16).

e) Preparar nosso fim

O Papa Francisco convidou todos a se perguntar: "como será meu fim? Como gostaria que o Senhor me encontrasse quando me chamasse?" Tenho de fazer um exame de consciência e avaliar... Quais coisas devo corrigir, por que não estão bem? Quais coisas devo reforçar e continuar porque são boas? Cada um de nós tem muitas coisas boas e nesse pensamento não estamos sós, o Espírito Santo nos ajuda.

"Peçamos ao Espírito Santo a sabedoria do tempo, a sabedoria do fim, a sabedoria da ressurreição, a sabedoria do encontro eterno com Jesus; para nos fazer entender essa sabedoria que está em nossa fé: "O encontro com Jesus será um dia de alegria!"

Oremos para que o Senhor nos prepare. E cada um de nós, nesta semana, deve encerrar a semana pensando no final: Eu terei um final. Não ficarei para sempre. Como gostaria de terminar?", concluiu o Papa Francisco.

5. Esperança e economia: economia de Francisco e neoliberalismo

O papa Francisco fez um grande chamado à população do planeta, em 1º de maio do ano passado (2020), quando pediu para ***discutir as bases da***

economia. "Há mais de 40 anos, com o avanço do neoliberalismo, vimos leis invisíveis *transformarem a economia em negócios de mercado, ao contrário dos interesses da sociedade*."

Há no texto de Francisco o *descolamento do funcionamento da economia capitalista, comandada pelas finanças, da vida concreta das pessoas.*

O texto trata das relações entre o que se pode chamar de "ética cristã" *e o movimento da economia*, e as dificuldades da vida das pessoas, por causa do funcionamento da economia. O que o Papa está dizendo é que precisamos *realizar esse ideal da felicidade, da bondade, da esperança, na Terra, nas comunidades, ou seja, fazer com que os homens vivam comunitariamente*.

O documento sugere algo regressivo, no sentido de propor uma volta ao comunitarismo primitivo. Diz que é possível que *tenhamos uma relação entre a economia e o mundo da vida de forma mais profícua*. No fundo o documento reconhece que o *capitalismo cria esse potencial, porém não o entrega*, ele se entrega a um automatismo e a um movimento autorreferencial, que, na verdade, acaba desconhecendo ou ignorando ou passando por cima das necessidades concretas. Nesse sentido, o *capitalismo tem a capacidade de criar bens da vida pela evolução da indústria e da tecnologia, mas tudo isso é capturado pela apropriação desses benefícios*, pela parte financeira.

A Economia de Francisco quer acolher e dar melhores condições de vida para a população do mundo, mas a pandemia do novo coronavírus vem influenciando significativamente na *desaceleração da economia no mundo,* os países vivem um momento de crise.

O mundo tenta encontrar um equilíbrio entre as *medidas necessárias para salvar vidas e a preservação de empregos e empresas*, atingidos pela pandemia. Cada país adotou medidas para fazerem a economia andar e, ao mesmo tempo, adotaram programas para ajudar *os mais vulneráveis e aqueles que perderam seus empregos.*

No Brasil, para acolher os mais vulneráveis, foram atendidas 65,3 milhões de famílias com o auxílio emergencial. Para que isso fosse possível, o governo dispôs de gastos não previstos no orçamento. Países que ainda não saíram da primeira onda do Covid-19 enfrentam uma segunda onda e os hospitais ficam lotados, fazendo com que a população sofra em todos os níveis.

A economia de Francisco aborda o tema de sustentabilidade, mas há hoje uma preocupação mundial com a sustentabilidade do planeta, assim é de *responsabilidade global* conseguir obter desenvolvimento sustentável, ou seja, *crescimento econômico, garantindo a preservação do meio ambiente e o desenvolvimento social para a geração presente e as futuras.*

Para Elkington (2011), faz-se necessário sair de um *modelo de negócio tradicional*, que só considera fatores econômicos na avaliação de uma empresa, para um *novo modelo que passa a considerar a performance ambiental e social das entidades.*

Em 2009, o Príncipe Charles liderou um projeto que recebeu o nome de Prince's Accouting for Sustainability (Contabilidade do Príncipe para a Sustentabilidade), que recebeu o nome de A4S. Disse o príncipe: "Estamos lutando para enfrentar desafios do século 21 com, na melhor das hipóteses, sistemas de relatórios e de tomada de decisão do século 20".

O mundo *nunca enfrentou desafios de tamanha magnitude*: consumo excessivo *de recursos naturais finitos, mudanças climáticas, a necessidade de fornecer água potável, alimento e melhores condições de vida para uma população global cada vez maior*. Decisões tomadas para enfrentar esses desafios devem estar embasadas em informações claras e compreensivas.

Assim, em 2 de agosto de 2010, o escritório de coordenação do Projeto Contabilidade do Príncipe para a Sustentabilidade A4S e o GRI (Global Reporting Initiative) *anunciaram a formação do Comitê Internacional para Relatórios Integrados* (IIRC – International Integrated Reporting Committee).

A missão do IIRC foi criar uma *estrutura globalmente aceita de contabilidade para a sustentabilidade.* Uma estrutura com informações *financeiras, ambientais, sociais e de governança, em um formato claro, conciso, consistente e comparável, em síntese, em um formato "integrado".*

Assim, *Francisco tem uma visão do mundo moderno e das últimas tendências e preocupações que assolam as economias.* O documento sabe o que está dizendo, e não desconhece que esses fenômenos são constitutivos e orgânicos desse capitalismo. O documento pede e sugere uma *transformação muito mais profunda.*

Os sistemas públicos de saúde mostram-se *deficientes no atendimento* das populações do mundo, o que já era sabido e ficou claro com a Covid-19. No Brasil, o novo coronavírus interage com outras doenças pré-existentes, mas também com *situações de pobreza, exclusão e estigmatização social.* Precisamos de políticas de *redução da desigualdade focadas e eficientes no Brasil e no resto do mundo.* (Por Dra. Marilza Rinaldi, economista)

PARTE IV

ORAÇÕES DA ESPERANÇA

A Esperança alimenta-se pela oração. A Oração é escola da Esperança. Somos discípulos do grande mestre da Oração, Santo Afonso. Seus exemplos e seus livros sempre nos orientam. "Quem reza se salva, quem não reza se condena", ensinava ele. "Quando já ninguém me escuta, Deus ainda me ouve. Quando já não posso falar com ninguém, nem invocar mais ninguém, a Deus sempre posso falar. Se me encontro confinado em uma extrema solidão – o orante jamais está totalmente só."

Santo Agostinho ilustrou a relação íntima entre oração e esperança. Em uma homilia ele define "a oração como um exercício do desejo". O homem foi criado para uma realidade grande, ou seja, "para o próprio Deus, e para ser preenchido somente por Ele".

Agora é a hora de ver que "O começo da fé é saber que precisamos de salvação. Nós não somos autossuficientes e sozinhos, pois afundamo-nos. Precisamos do Senhor, como os marinheiros antigos, das estrelas. Convidemos Jesus para o barco de nossa vida. Vamos entregar-lhe nossos medos, para que com ele possamos vencê-los. Como os discípulos, experimentaremos que, com Ele a bordo, não se naufraga. Ele pode transformar o mal em algo de bom. Ele traz serenidade em nossas tempestades, porque com Deus a vida nunca morre. "Temos uma âncora: na cruz dele fomos salvos. Temos um leme: na cruz dele fomos resgatados. Temos esperança: em sua cruz, fomos curados e abraçados, para que ninguém ou nada nos separe de seu amor redentor", ensina Papa Francisco.

É na Eucaristia de cada dia que celebramos a vida e, por ela, unimo-nos e preparamos a vida em plenitude. Eis o céu, destino de um amor pleno, preparado por Deus para todos nós. O Papa também pediu e sublinhou que precisamos construir "novas formas de hospitalidade, fraternidade e solidariedade". E assim, "abraçar o Senhor para abraçar a Esperança".

Não é só para rezar, mas aqui apresentamos Cinco Orações explicadas para rezarmos melhor; o que pode ser feito individualmente ou em grupo.

1) Novena a Nº Senhora da Esperança.
2) Bem-aventuranças atualizadas e explicadas.
3) Os Dons do Espírito Santo, Explicados.
4) Oração de S. Francisco, Explicada.
5) Mistérios Gloriosos.

1- Novena a Nª Senhora da Esperança

Há muitas paróquias com este título de Maria, Senhora da Esperança. Diante de nossas imensas necessidades, este título nos fortalece e anima. A Festa de Nª Senhora da Esperança é celebrada 15 de Agosto.

Oração a Nª Senhora da Esperança:

Ó Maria tu conheces todas as nossas necessidades, tristezas, misérias e esperanças. Tua alegria era fazer a vontade do Pai. Tua vida era estar atenta às necessidades dos outros. Interceda por nós e por cada um de seus filhos. Vós sois minha advogada perante Deus, ó clemente, ó piedosa, ó doce sempre Virgem Maria, Senhora da Esperança, Em minha fraqueza e em meu desânimo a vós recorro cheio de esperança, gemendo e chorando nesse vale de lágrimas.

- Quando somos tentados a desesperar e achamos difícil seguir teu Filho, aumentai a nossa fé, esperança e caridade, para sermos dignos das promessas de Cristo.

-Abençoai nossas famílias com o amor e o dom da doação; protegei nossos jovens, adultos e crianças.

- Defendei nossos doentes, protegei seus médicos e enfermeiros e possam recuperar a saúde e alegria.

- Amparai a nossa pátria para que haja saúde, o emprego e a justiça social.

- Dai-nos saúde de corpo e alma e alcançai-nos a graça de que tanto necessitamos.. .e pedimos.

Nossa Senhora da Esperança, rogai por nós e levai-nos a Jesus Cristo, nossa esperança maior. Amém.

Parte superior do formulário

NOVENA a Nossa Senhora da Esperança

1º dia - Nossa Senhora da Esperança: socorro dos desesperados

Os fiéis sempre invocam o nome de Maria com a esperança de que ela os ajude a resolver seus problemas pessoais, familiares e mundiais. Maria continua a missão que Jesus lhe deu, e ela, como verdadeira mãe, acompanha-nos para não perdermos o horizonte e guia-nos a superar os medos mais violentos, encontrando assim a paz necessária nos momentos difíceis.

Pai-Nosso, Ave-Maria, Glória ao Pai. Nossa Senhora da Esperança, rogai por nós.

2º dia - Maria, tua alegria era fazer a vontade do Pai

Algumas vezes, ela é também invocada e identificada como Senhora do Amor Divino. Depois que aceitou ser a Mãe de Jesus, ficou grávida e a Virgem Mãe daria à luz, brevemente, o Filho de Deus e fruto do Espírito Santo. Maria nos ajuda a crer em seu divino Filho e a encontrar forças necessárias para fazer sua vontade e seguir seus passos. Mãe, ajude-nos sempre a fazer a vontade de Deus.

Pai-Nosso, Ave-Maria, Glória ao Pai. Nossa Senhora da Esperança, rogai por nós.

3º dia - O santuário mais antigo de Nossa Senhora da Esperança

O santuário mais antigo de Nossa Senhora da Esperança está na França, construído no ano de 930. Depois, vários outros foram erguidos, espalhando-se essa devoção por toda a Europa. O Brasil foi descoberto sob o olhar protetor da Mãe da Esperança. Seu culto desenvolveu-se muito na época das grandes descobertas marítimas. Pedro Álvares Cabral, que possuía uma bela imagem da Padroeira em sua residência, trazendo-a consigo em sua feliz viagem às Índias. Essa imagem está atualmente na cidade de Belmonte, Portugal; e foi trazida novamente a nosso país durante o Congresso Eucarístico Internacional do Rio Janeiro, em 1955. Essa é uma das devoções mais antigas e mais animadoras de Nossa Senhora: Senhora da Esperança.

Pai-Nosso, Ave-Maria, Glória ao Pai. Nossa Senhora da Esperança, rogai por nós.

4º dia – Jesus é nossa Esperança

Jesus é a presença do amor misericordioso e salvador de Deus (Jo 3,16). Ele trouxe ao mundo uma esperança nova e fê-lo como a semente: fez-se pequeno, como um grão de trigo; deixou sua glória celeste para vir entre nós: "caiu na terra". Ele está a nosso lado e caminha conosco sempre. A esperança nasce da cruz; "atrairei todos a mim. Olha para a cruz, para Cristo Crucificado. A Ressurreição de Jesus confirmou nossa fé, o que Jesus ensinou é a salvação". Nós vamos ressuscitar com ele. Por isso nossa esperança nunca acaba, e dura até a vida eterna. Acredite, Ele o espera. Seu amor é que nos garante. "Poder amar é um dom de Deus."

Pai-Nosso, Ave-Maria, Glória ao Pai. Nossa Senhora da Esperança, rogai por nós.

5º dia – Quando achamos difícil seguir teu Filh.

É que somos tentados a desesperar e achamos difícil seguir os caminhos de teu Filho Jesus; Mãe, aumentai nossa fé, esperança e caridade; e também a redescobrirmos a alegria da ternura de Deus. Precisamos de Jesus todos os dias e segurar firme na mão dele. Sua Palavra é nossa força e a Comunhão nosso alimento, para sermos dignos das promessas de Cristo.

Pai-Nosso, Ave-Maria, Glória ao Pai. Nossa Senhora da Esperança, rogai por nós.

6º dia – Abençoai nossas famílias com o amor e o dom da doação

Na Família de Nazaré é um Evangelho para todos. Nela temos o modelo da verdadeira Família, pelo amor, respeito, trabalho e pela oração. Jesus quis nascer em uma família. A Família é um dom de Deus e santuário de vida e do amor. Ajudai as Famílias que sofrem e protegei nossos jovens, adultos e nossas crianças, felizes as Famílias que dão lugar a Deus em seus lares.

Pai-Nosso, Ave-Maria, Glória ao Pai. Nossa Senhora da Esperança, rogai por nós.

7º dia – Defendei nossos doentes, protegei nossos médicos e enfermeiros

A saúde é o maior bem de nossa vida humana. E para tudo na vida precisamos ter saúde. Graças a Deus que a saúde pública está melhorando, mas os pobres sofrem mais. Nossos médicos e enfermeiros precisam ser mais valorizados e a saúde pública mais cuidada. Que todos os doentes possam recuperar a saúde e a alegria.

Pai-Nosso, Ave-Maria, Glória ao Pai. Nossa Senhora da Esperança, rogai por nós.

8º dia – Amparai e Protegei a nossa Pátria

Pátria Amada é a que respeita todos os seus filhos e emigrantes. Somos todos irmãos em dignidade e ninguém é mais do que ninguém. A Fraternidade nos irmana nos tempos de paz ou de calamidades. Todos precisamos de saúde, de emprego, de respeito e justiça social, pois todos somos iguais perante a Lei. Ilumine nossas autoridades, acabe com a corrupção e todo o mal.

Pai-Nosso, Ave-Maria, Glória ao Pai. Nossa Senhora da Esperança, rogai por nós.

9º dia – Maria é sempre Mãe e Modelo

Jesus Cristo é nosso único Salvador e Senhor. Enviado pelo Pai na força do Espírito Santo, Jesus nasceu da Virgem Maria. Foi o Plano de Deus. Mas quando na Cruz Jesus deu sua mãe para todos os seus discípulos foi para não nos deixar órfãos na vida e na fé. Ninguém amou Jesus e ama mais do que Maria, por isso ela é modelo e exemplo para todos os irmãos seguidores de Jesus: "Façam tudo o que meu Filho lhes disser". Ó Mãe, ajude-nos sempre a ser fiéis a Jesus como a Senhora foi e a sempre termos a Senhora ao nosso lado.

Pai-Nosso, Ave-Maria. Glória ao Pai. Nossa Senhora da Esperança, rogai por nós.

2. Bem-aventuranças atualizadas e explicadas

A -) Bem-aventuranças na realidade de hoje

No início do Evangelho de Mateus, 5,1-12a, Jesus fala com as multidões. É o discurso inaugural da nova Lei do Reino e da nova justiça cristã. Que todos nós nos aproximemos hoje da Palavra de Jesus, que nos revela Deus como fonte, razão de toda a felicidade. As bem-aventuranças são a beleza da presença Divina que alcança o homem e o quer feliz. As bem-aventuranças respondem ao desejo natural de felicidade. Esse desejo é de origem divina: Deus o colocou no coração do homem, a fim de atraí-lo a si, pois só Deus pode satisfazê-lo.

"Convido todos a uma esperança renovada, pois a esperança nos fala de algo profundamente enraizado em cada coração humano. A esperança nos fala de uma sede, de uma aspiração, de um desejo de uma vida de realização, de um desejo de grandes coisas, de coisas que enchem nosso coração e elevam nosso espírito para realidades tidas como verdade, bondade, beleza, justiça e amor... A esperança é ousada; pode ver além da conveniência pessoal – as garantias mesquinhas e compensações que limitam nosso horizonte – e pode nos abrir para grandes ideais que tornam a vida mais bela e valiosa. Continuemos, então, a avançar pelos caminhos da esperança". (FT. n. 55). Vamos ouvir, mais uma vez, o anúncio que nos salva: "ele ressuscitou e vive a nosso lado", ensina o papa Francisco.

As Bem-aventuranças em Mt 5,1

– Felizes os pobres em espírito, porque deles é o Reino dos Céus.
– Felizes os mansos, porque possuirão a terra.
– Felizes os aflitos, porque serão consolados.
– Felizes os que têm fome e sede de justiça, porque serão saciados.
– Felizes os misericordiosos, porque alcançarão misericórdia.

– Felizes os puros de coração, porque verão a Deus.

– Felizes os que promovem a Paz, porque serão chamados filhos e filhas de Deus.

– Felizes os que são perseguidos por causa da justiça, porque deles é o Reino dos Céus.

Explicações

"Felizes os pobres em espírito, porque deles é o Reino dos Céus!"

Quem são os pobres em espírito? São aquelas pessoas que têm o mesmo espírito de Jesus e buscam a vontade de Deus, porque Deus está de seu lado e é sua força; pois sabem que "as riquezas não nos garantem nada". Os pobres em espírito são os que vivem a prática das bem-aventuranças. Como descobrir qual é o sonho da felicidade que Deus nos oferece? É ir ao encontro das bem aventuranças, explica Rabeca Peres.

"Felizes os mansos, porque possuirão a terra!"

Como identificar quem são esses felizes que possuirão a terra? Nesse sentido, como diz o papa Francisco, na carta encíclica *Laudato Si'*, n. 146, é indispensável prestar uma atenção nas comunidades indígenas. Quando permanecem em seus territórios, são eles, os indígenas, que nos ensinam que nossa relação com a terra deve ser com respeito, pois ela é um ser vivo, que sente, respira, é nossa mãe; sustenta-nos, fornecendo água, alimentos e remédios que curam e previnem diversas doenças.

Para os povos indígenas *terra é dom de Deus, não é para ser explorada por projetos econômicos* que destroem a natureza. Felizes os que dizem sim à vida apoiando as demarcações das terras indígenas e quilombolas, porque assim é uma forma de viver o reino de Deus. "A terra, cuidada com mansidão e respeito, abençoar-nos-á abundantemente", explica Rabeca Peres.

"Felizes os aflitos, porque serão consolados!"

Os aflitos de hoje são muitos em nossa sociedade. Há muitos choros e lutos espalhados em todos os continentes. Jesus nos convida a enxugar o pranto de quem está próximo de nós. A consolação acontece quando nos damos as mãos e nos ajudamos mutuamente; somos felizes, porque Jesus devolve a saúde física, mental, social e espiritual e nos ensina que devemos fazer o mesmo, por meio de iniciativas que promovem a saúde integral.

"Felizes os que têm fome e sede de justiça, porque serão saciados!"

Jesus alerta para buscarmos, em primeiro lugar, o Reino de Deus e sua justiça. A justiça de Deus pode ser entendida como promover e garantir uma distribuição justa da economia, para que não haja mais necessitados entre nós. Felizes os que buscam novas alternativas de energias renováveis, limpas e justas ao planeta. Felizes as recicladoras e os recicladores, verdadeiros profetas e profetisas da ecologia.

"Felizes os misericordiosos, porque alcançarão a misericórdia!"

Ter compaixão é não ficar indiferente diante dos sofrimentos de nossos irmãos. Felizes os que cuidam da vida dos idosos, e dos mais vulneráveis e esquecidos de nossa sociedade, explica Rabeca Peres.

"Felizes os puros de coração, porque verão a Deus!"

São as pessoas honestas e justas que não usam palavras para enganar, não roubam nem desviam o que pertence aos pobres. Em tempo de eleições, discernir bem é fundamental. Saber identificar candidatos e candidatas, que atuem com honestidade, e comprometidos em ações com a justiça social e ecológica.

"Felizes os que promovem a paz, porque serão chamados filhos e filhas de Deus!"

A paz nasce no encontro com o próximo. Jesus nos convida a nos colocar no lugar da outra pessoa: *"Façam* às *pessoas o mesmo que vocês desejam que elas façam a vocês"* (Mt 7,12).

A verdadeira paz deixa espaço para a outra pessoa crescer enquanto eu diminuo, isto é, escutar novas iniciativas, vendo nelas oportunidades de aprendizagem, deixando o novo fluir. Também, saber acolher a fé e a espiritualidade do diferente, pois, no reino dos céus, o "Ruah Divino" sopra livremente. Felizes os que buscam o diálogo, a reconciliação, o perdão e o amor, desde o cotidiano até os quatro cantos do planeta.

"Felizes os que são perseguidos por causa da justiça, porque deles é o Reino dos céus!"

Os pobres em espírito são os que vivem essa prática das bem-aventuranças, por isso muitos são perseguidos, mas são felizes porque acreditam que o reinado de Deus começa aqui, no dia a dia. São capazes, com a graça de Deus, de deixar atitudes superficiais, que os mantêm na zona de conforto, para ações necessárias que respondam aos apelos de todos os crucificados que se encontram além dos templos e das muralhas de hoje.

As comunidades seguidoras de Jesus, no livro do Apocalipse (7,2-4.9-14), viveram essas bem-aventuranças e chegaram até as últimas consequências. Suas vidas doadas e sacrificadas pelo reino deixaram *frutos de resistência e amor.*

Hoje, os que seguem a luta contam com a força dos mártires, que se encontram na glória de Deus. Com eles, e, em comunhão com todos os Santos e todas as Santas, formamos um grande povo abençoado e marcado como servos e servas, a serviço do reino de Deus e de sua justiça, explica Rabeca Peres.

Nações, etnias, línguas, culturas, mulheres e homens de todas as idades, cantam, dançam e reconhecem que a força de Deus está nos pequenos, na causa dos pobres e da terra! Todos cantam como se fôssemos um: *"A terra é de Deus e tudo que nela existe"*.

"Quem poderá subir a montanha para ver a face de Deus? As gerações que buscam praticar as bem-aventuranças!" (Salmo 24). *Maria, mãe de Jesus,* ensina-nos a resistir e a combater os dragões que destroem vidas, e a ouvir Jesus e a *"fazer tudo o que Ele disser"* (Jo 2,5). Somos felizes porque caminhamos com Jesus, fiéis na opção pelos pobres. Alegremo-nos! (Rabeca Peres da Silva, PUCRS. In: UNIS 30/10/20)

3. Os dons do Espírito Santo

"Todos os dons são presentes de Deus"

Quando nos referimos ao Espírito Santo sempre tomamos como referência os sete dons: ***sabedoria, inteligência, conselho, ciência, fortaleza, piedade e temor de Deus.*** Eles são inspirados no texto do profeta Isaías (11,2-3).

O Novo Testamento assume essa profecia na pessoa de Jesus Cristo, o Messias prometido. Ele seria possuído pelo Espírito de Deus e, a partir de sua força, praticará um reinado alicerçado na justiça e na paz, conforme os dons recebidos. O **número sete**, no contexto bíblico, significa universidade, totalidade, perfeição. Os dons do Espírito são inúmeros, portanto, ao falar em sete, podemos dizer que recebemos todos os seus dons. Um cristão crismado, que não ajuda a transformar a sociedade em que vive, certamente engavetou os dons do Espírito Santo.

Vamos conhecê-los para poder vivê-los:

a) Sabedoria

Ela nos leva ao verdadeiro conhecimento de Deus e a buscar os reais valores da vida. O homem sábio e a mulher sábia é aquele(a) que pratica a justiça, tem ***um coração misericordioso***, ama intensamente a vida, porque a vida vem de Deus.

b) Inteligência

Esse dom nos leva a entender e *a* ***compreender as verdades da salvação***, reveladas na Sagrada Escritura e nos ensinamentos da Igreja. Exemplo, Deus é Pai de todos; em Jesus, Filho de Deus, somos irmãos.

c) Ciência

A capacidade de descobrir, inventar, recriar formas, maneiras ***para salvar o ser humano*** e a **natureza.** Suscita atitudes de participação, de luta e de ousadia, frente à cultura da morte.

d) Conselho

É o dom de orientar e ajudar quem precisa. Ele permite dialogar fraternalmente, em família e comunidade, acolhendo o diferente que vive em nosso meio. Esse dom capacita a animar os desanimados, *a* ***fazer sorrir os que sofrem,*** a unir os separados.

e) Fortaleza

É o dom de tornar as pessoas fortes, corajosas para ***enfrentar as dificuldades da fé e da vida.*** Ajuda os jovens a terem esperança no futuro, os pais a assumirem com alegria seus deveres, as lideranças, a perseverarem na conquista de uma sociedade mais fraterna.

f) Piedade

É o dom da ***intimidade e da mística***. Coloca-nos em uma atitude de filhos, buscando um diálogo profundo e íntimo com Deus. Acende o fogo do amor: amor a Deus e amor aos irmãos.

g) Temor de Deus

Esse dom nos dá a consciência *de quanto Deus nos ama!* "Ele nos amou antes de tudo." Por isso **precisamos corresponder a esse amor**.

São Paulo, em Gálatas 5,22-23, fala dos **frutos do Espírito:** *"amor, alegria, paz, paciência, bondade, benevolência, fé, mansidão e domínio de si".*

Esses frutos provêm de um projeto de vida que cada cristão é chamado a realizar em sua luta diária.

Rezemos: Divino Espírito Santo, iluminai-nos. Amém.

4. Oração de São Francisco explicada

Oração pela Paz

Algumas orações são tão famosas e disseminadas que mesmo quem não segue nenhuma religião sabe as palavras de cor. Assim é com o Pai-nosso, talvez é a oração mais conhecida de todas. Mas existe outra, que é bastante repetida, que começa assim: "Senhor, fazei de mim um instrumento de vossa paz".

O que pouca gente sabe, no entanto, é que essa oração não é de autoria de São Francisco de Assis. O historiador francês Christian Renoux pesquisou as origens do texto e descobriu que o primeiro registro é de 1912. Foi publicado em uma revista francesa, chamada La Clochette, sem assinatura, e com o título "Oração bonita para fazer durante a missa". Hoje em dia, ela é chamada também de "Oração pela Paz".

A mensagem de paz e esperança ganhou força durante a Primeira Guerra Mundial, quando em 1916 foi publicada no "L'Osservatore Romano", jornal semioficial da Santa Sé. De acordo com as pesquisas do historiador Christian Renoux, a oração foi associada ao Santo padroeiro dos animais porque foi impressa algumas vezes junto à imagem de São Francisco.

Seja qual for a real autoria da oração – até hoje desconhecida –, a linda mensagem do texto resiste e se mostra cada vez mais importante nos dias de hoje.

É a chamada Oração de São Francisco de Assis um pequeno texto cheio de boas ideias. Sugere que o amor seja levado onde houver ódio, e que a alegria seja levada onde houver tristeza. É fácil de compreender e de gostar. Dá mesmo vontade de repetir essas palavras por aí.

É sempre bom rezar, e especialmente a Oração de São Francisco, neste tempo de pandemia e dificuldades. É chamada de *"Oração pela Paz"*. E como todos estamos precisando de Paz. Paz é a capacidade de tolerância, conosco e com os outros. Nesse ponto, o *"pobre de Assis"*, como era conhecido Francisco, foi imbatível. Foi o único a tentar uma aproximação com os islamitas, nos tempos das Cruzadas, e a lutar para que os prisioneiros não fossem torturados. Então, meditemos:

Senhor, fazei de mim um instrumento de vossa paz.
Onde houver ódio, que eu leve o amor.
Onde houver ofensa, que eu leve o perdão.
Onde houver discórdia, que eu leve a união.
Onde houver dúvidas, que eu leve a fé.

Onde houver erro, que eu leve a verdade.
Onde houver desespero, que eu leve a esperança.
Onde houver tristeza, que eu leve a alegria.
Onde houver trevas, que eu leve a luz.
Ó Mestre, fazei que eu procure mais:
consolar, que ser consolado;
compreender, que ser compreendido;
amar, que ser amado.
Pois é dando que se recebe.
É perdoando que se é perdoado.
E é morrendo que se vive para a vida eterna.

"Senhor, fazei de mim um instrumento de vossa paz"

A manifestação da vontade, a aspiração de ser instrumento da paz, é a primeira ação daquele que deseja pacificar as relações sociais. Qualquer um pode auxiliar nessa situação. E que eu encontre primeiro, em mim, a harmoniosa aceitação de meus defeitos, para levar paz aos outros. Porém os que detêm cargo de poder podem mais. Que felicidade alguém exercer uma função com objetivo tão elevado. Imagine-se um Policial Militar que transmite solidariedade, atenção aos moradores de um bairro. Não se diga que é um sonho impossível. Francisco de Assis, centenas de anos atrás, passou idênticas dificuldades e conseguiu. —

"Onde houver ódio, que eu leve o amor"

O ódio está presente em muitas relações humanas, cheias de preconceitos, de ideologias, nas disputas de poder. Que eu aceite o ódio que possa existir em mim para poder compreender as falhas que há também nos outros para que o amor possa aumentar. Aqueles que procuram a harmonia, que amenizam as críticas, que não transmitem provocações, cumprem um papel importante dentro das várias situações.

"Onde houver ofensa, que eu leve o perdão"

A ofensa vem sempre de alguém revoltado, com ou sem razão. Se for rebatida com a mesma intensidade, as relações só se agravarão. A discórdia aumentará. Se alguém perde o controle emocional pode falar demais, podendo ofender a outra pessoa. As emoções costumam levar a pessoa a perder a razão. Afastar-se nos momentos de tensão é a melhor coisa. E, depois com calma, deve-se buscar o perdão.

"Onde houver discórdia, que eu leve a união"

Discórdia há em toda parte. No mundo familiar, no mundo do trabalho, das relações humanas. Levar à união é uma missão elevada. Não é fácil, mas também não é impossível. A união deve prevalecer sobre a desunião. Atacar o mal no início é o melhor caminho. Isso pode ser feito dizendo a um oponente que o outro o elogiou, convidando ambos para um cafezinho ou propondo uma ação conjunta.

"Onde houver dúvida, que eu leve a fé"

Todos passam por momentos de total descrédito. Muitas vezes com toda razão. Mas levar a fé aos incrédulos ajuda. Podemos, humildemente, encarar nossas próprias dúvidas. Há a fé humana e a fé divina. A fé humana é passar autoconfiança e mostrar os caminhos bons. A fé divina é saber que todos somos fracos e precisamos da ajuda de Deus para melhorar e sermos bons. Deus não esquece nenhum dos que a ele suplicam.

"Onde houver erro, que eu leve a verdade"

A missão de todos é iluminar com a verdade e o amor. E que "minha verdade" não seja a única, nem os erros sejam só os alheios. Levar a verdade, lutar pela verdadeira Justiça.

"Onde houver desespero, que eu leve a esperança"

O desespero, por causa dos problemas, está exageradamente comum. É preciso aprender a conviver com o desânimo sem se desesperar. São inúmeras as situações que atualmente estão levando as pessoas ao desespero: uma morte inesperada; problemas familiares ou de desemprego; incidentes de toda ordem que levam tanta gente, sofrimentos, que podem ser amenizados por uma palavra amiga, um apoio para ouvir, consolar, aconselhar. O apoio na hora certa gera confiança e luz na vida de qualquer pessoa desesperada.

"Onde houver tristeza, que eu leve a alegria"

A alegria pode ser dada, e muitas vezes de maneira simples. É preciso aprender a suportar a tristeza, sendo alegre sempre. Saiba sorrir e dar bom dia, para transformar seu mundo em um local de mais alegria. Esse estado de espírito é contagiante.

"Onde houver trevas, que eu leve a luz"

Há imensas trevas e problemas no mundo de hoje, sobretudo pelos problemas. Após passar pelas "trevas", é preciso aprender a caminhar com elas. O mais importante é ouvir a pessoa e tentar perceber onde está a falha. Saber ouvir e tentar compreender é melhor do que castigar. Por vezes, vale mais um conselho do que a prisão ou o castigo.

"Ó Mestre, fazei que eu procure mais consolar, que ser consolado"

A princípio, o chamado é para não se acomodar às injustiças, para perseguir a busca espontânea do aprimoramento pessoal. É necessário pedir e aceitar o consolo quando precisar. Mais importante ainda é consolar os que sofrem do que ser consolado. Consola um professor que orienta seu aluno, que mostra que um insucesso não é o fim da vida, mas sim um obstáculo e que pode ser usado como forma de amadurecimento e de busca de vitórias mais significativas.

"Compreender, que ser compreendido"

É preciso conhecer-se, para ter melhor compreensão do outro. Muitos são os que não compreendem os caminhos da existência, nem sempre justos e retos. Imagino o quanto deve ser insuportável e difícil estar em ambientes conflituosos e manter a paz, fazendo o certo.

"Amar, que ser amado"

Amar é entregar-se na função exercida sem outros interesses, apenas preocupado com o ser humano que está necessitando de uma ajuda moral ou econômica. É necessário amar-se, em princípio, para não cobrar o amor que foi doado. Age com amor quem ouve os necessitados e age na defesa de seus interesses.

"Pois, é dando que se recebe"

É dando de si que se achará a recompensa. E sabendo receber é que se ensina a doar. É se dedicando que se conseguirá o reconhecimento, mais cedo ou mais tarde. E sabendo receber é que se aprende a doar.

"É perdoando que se é perdoado"

É perdoando os que nos enfrentam em nossa caminhada que seremos perdoados. Se alguém nos magoa, temos a tendência de cultivar o ódio para sempre. Às vezes, temos até certo prazer em lembrar o ocorrido, mesmo que tenha sido há muitos anos e que todos que nos cercam já tenham ouvido a lamúria dezenas de vezes. Está errado. Devemos compreender que perdoando nos sentiremos mais livres e leves. Fará bem a nosso corpo e a nosso espírito. E não se perdoa o outro enquanto não há perdão de si mesmo.

"E é morrendo que se vive para a vida eterna"

Todos somos chamados à vida eterna com Deus e com os que fizeram o bem. A vida eterna significa ser lembrado com saudade, deixar um rastro de bons exemplos, de amizades criadas na caminhada. Não descuidar dos excluídos sociais; não se contagiar pela vaidade. Não usar da posição para promover-se pessoalmente, pisando nos outros. E é bem vivendo e amando a vida que se perde o medo de morrer!

Rezar sempre faz bem. E rezar pela Paz é sempre uma necessidade. Rezar a Oração pela Paz e tentar levá-la para nossa vida diária, tornando o mundo um lugar melhor para todos. Vamos tentar?

5. Meditando os Mistérios Gloriosos

Rezando nossa esperança

Você gosta de rezar o Terço? O que precisamos fazer para ser mais proveitoso?

Toda oração é uma conversa com Deus e de Deus conosco. Precisa ter mão dupla; vamos ao Pai e o Pai vem a nós; falamos ao Pai e escutamos o que o Pai quer de nós. Deus já conhece nossos pedidos e problemas antes de pedirmos. Nesse sentido, a oração faz com que possamos reconhecer nossa pobreza e nossos pecados e o quanto precisamos do amor e da ajuda de Deus, de Jesus e de Maria, para fortalecer nossa fé e confiança, tirando-nos todo o medo. Por isso a oração é a *"força do ser humano e a fraqueza de Deus"*, ou como diz o papa Francisco: *"Deus gosta de ser incomodado!"*

A Oração do Terço (Rosário) é uma oração bonita, porque unimos a meditação da Palavra de Deus na contemplação dos mistérios e nossos pedidos ou agradecimentos. Há muita coisa a meditar durante cada mistério do Rosário. Por isso Jesus diz que em nossa oração não precisamos de muitas palavras, mas de muita humildade e muita fé.

Hoje, o Rosário é dividido em **quatro conjuntos** de **cinco Mistérios** ou meditações: cinco da alegria do nascimento, cinco da morte, cinco da ressurreição. Eram só três conjuntos, por isso sempre chamamos terço ou terceira parte. Foi São João Paulo II que acrescentou os Luminosos, fazendo quatro conjuntos de meditações.

– Mistérios Gloriosos ou da Esperança

*** 1º mistério glorioso: ressurreição de Jesus** (Lc 24,1)
"Não está aqui, mas ressuscitou."
"Eu sou a Ressurreição e a Vida."
(*Enquanto meditamos*, rezamos). *Pai nosso...*

*** 2º mistério glorioso: ascensão de Jesus ao Céu** (Mc 16,19)
"Depois o Senhor... foi levado ao céu e está sentado à direita de Deus."
"Vou preparar-vos um lugar."
(*Enquanto meditamos*, rezamos). *Pai nosso...*

* **3º mistério glorioso: vinda do Espírito Santo** (At 2,1)
"Ficaram todos cheios do Espírito Santo e começaram a falar em línguas."
"Sereis minhas testemunhas até os confins do mundo."
(*Enquanto meditamos*, rezamos). *Pai nosso...*

* **4º mistério glorioso: assunção de Maria, bem-aventurada** (Lc 1,48)
"Foi levada ao céu em corpo e alma", Pio XII em 1950.
"Com minha Mãe estarei na Santa glória um dia."
(*Enquanto meditamos*, rezamos). *Pai nosso...*

* **5º mistério glorioso: coroação de Maria no Céu** (Ap 12,1)
"Apareceu grande sinal no céu: uma Mulher revestida do sol, a lua debaixo de seus pés e na cabeça uma coroa de doze estrelas."
"Vinde, benditos de meu Pai, tomar conta do Reino."
(*Enquanto meditamos*, rezamos). *Pai nosso...*
Agradecimento
T.: Obrigado...

ANEXOS

1. Cremos na vida eterna

Quando a morte nos separa de uma pessoa que amamos, sentimos a dor e o choque de tal separação. Ninguém *pode banalizar a morte e sua dor*. O próprio Deus leva a morte a sério. E a leva tão a sério que, em Jesus Cristo, ele mesmo passa pela experiência da morte. Então nossa fé realmente não teria consolo nenhum diante da morte; e "*nossa fé seria em vão*", como o diz São Paulo, em 1Cor 15,14.

A última palavra de Deus é a ***superação da morte pela ressurreição***. É na própria morte que Deus se revela como sendo mais forte do que a morte. Deus é um, Ele "*não é Deus dos mortos, mas sim dos vivos*" (Mt 22,32). E, por causa disso, Jesus, o Deus crucificado e sepultado, depois de sua morte, volta à vida. Nessa volta, ele ***fundamenta a esperança em nós*** de que também *nós voltaremos à vida, depois da morte*.

No Apocalipse, "*naquela grande multidão que ninguém podia contar*" (Ap 7,9), encontraremos também as pessoas que já nos deixaram. E, ao mesmo tempo, podemos esperar que nós mesmos também, no momento de nossa própria morte, faremos parte daquela multidão. Uma multidão de pessoas que encontraram em Deus a plenitude de sua vida e de sua felicidade, e o êxtase final de um amor eterno e sem-*fim*.

2. O ano cósmico, o universo, a Terra e a dignidade do ser humano

"Quando contemplo o céu... a lua e as estrelas que criastes, que coisa é o homem para dele vos lembrardes... e o visitardes? O fizestes um pouco menor que os anjos, de glória e de honra o coroastes." (Sl 8,4-6)

Esse salmo lembra-nos a imensa grandeza e a dignidade do ser humano, frente ao grandioso universo. Tentemos imaginar que os 13,7 bilhões de anos, idade do universo, sejam um único ano (apud Carl Sagan). Veremos como, ao longo dos meses desse ano imaginário, foram surgindo todos os seres até os últimos segundos do último minuto, do último dia do ano. *Qual é o lugar que nós ocupamos*?

- A primeiro de janeiro, ocorreu a Grande Explosão.
- A primeiro de março, surgiram as estrelas vermelhas.
- A 8 de maio, a Via Láctea.
- A 9 setembro, o Sol.
- A 1 de outubro, a Terra.
- A 29 de outubro, a vida.
- A 21 de dezembro, os peixes.
- A 28 de dezembro, às 8 horas, os mamíferos.
- A 28 de dezembro, às 18 horas, os pássaros.
- A 31 de dezembro, às 17 horas, nasceram os antepassados pré-humanos.
- A 31 de dezembro, às 22 horas, entrou em cena o ser humano primitivo, antropoide.
- A 31 de dezembro, às 23 horas, 58 minutos e 10 segundos surgiu o homem sapiens sapiens.
- A 31 de dezembro, às 23 horas, 59 minutos e 56 segundos nasceu Jesus Cristo.
- A 31 de dezembro, às 23 horas 59 minutos e 59 segundos Cabral chegou ao Brasil.
- A 31 de dezembro, às 23 horas, 59 minutos e 59,54 segundos, fez-se a Independência do Brasil.
- A 31 de dezembro, às 23 horas, 59 minutos e 59,59 segundos nós nascemos.

Somos quase nada. *Mas por ínfimos que sejamos, através de nós*, de nossos olhos, ouvidos, nossa inteligência, *a* ***Terra*** contempla ***a grandeza do universo****, seus irmãos e suas irmãs cósmicos*. Para isso todos os elementos durante todo o processo da evolução se articularam de tal forma que a vida pudesse surgir e nós pudéssemos estar aqui e falar disso tudo. Se tivesse havido alguma pequena modificação as estrelas ou não se teriam formado ou, formadas, não teriam explodido e assim não teria havido o Sol, a Terra nem os 20 aminoácidos e as quatro bases nitrogenadas e nós não estaríamos aqui escrevendo sobre estas coisas.

Por essa razão, testemunha o conhecido físico da Grã-Bretanha Freeman Dyson: “Quanto mais examino o universo e estudo os detalhes de sua arquitetura, tanto mais evidências encontro de que o universo, de alguma maneira, devia ter sabido que estávamos a caminho” (1979). (L. Boff. Unis 27 11 20).

CONCLUSÃO

Ao longo do livro vimos que a *"Esperança é a âncora da vida"*. Mesmo quando o mar está revolto, *"Deus é que garante!"* O fundamento central da Esperança é a Ressurreição de Jesus Cristo, que confirma toda a nossa fé e nossa Esperança. Jesus nos garantiu que nos ia preparar um lugar, para estarmos onde ele está. Como será e onde será só Deus que sabe! Será algo que nós nem podemos imaginar (1Cor 2,9).

Para que isso possa realizar-se e não tenhamos medo de levar nossa cruz, ele nos garantiu que ia estar conosco pela força do Espírito Santo, como guia e advogado nosso; e também nos alimentando de sua Palavra e de seu Corpo e Sangue, não nos iria faltar nada: *Deus é que garante!* Por isso a música diz: *"Segura na mão de Deus e vai!"*

Por isso mesmo no luto, nos momentos difíceis ou de desespero, *"Segura na mão de Deus e vai!" ou "Eu confio em Nosso Senhor com Fé, Esperança e Amor".* Como o povo canta bonito esta música! A Oração não é para mudar os caminhos de Deus, mas os nossos. *"Deus não cumpre todos os nossos desejos, mas todas as suas promessas"*, diz o teólogo Bonhoeffer.

Deus nos iluminará para sabermos confiar nele, pois ele sabe o que é melhor para todos os seus filhos; mesmo quando estivermos nas noites espirituais, quando parece que a luz diminuiu, eu *"estarei convosco todos os dias até a consumação dos séculos"* (Mt 28,20) e *"haverá um novo Céu e uma nova Terra"* (Ap 21,1) e a *"multidão dos salvos ninguém podia contar"* (Ap 7,9).

Mas outra Esperança a ser lembrada e aprofundada é *Nossa Senhora da Glória ou da Esperança*. Da humilde serva do Senhor, Maria foi dada como Mãe de todos no alto da Cruz (Jo 19,27). A Igreja reunida esperando a vinda do Espírito Santo, Maria estava com eles, apoiando e fortalecendo. Por isso a Igreja – que sempre confiou na missão de Maria junto dela – pode dizer com Pio XII em 1950, terminada sua jornada na terra, Maria "foi levada ao céu em corpo e alma". Confiante nessa certeza de que o povo reanima sua Esperança, cantando: *"Com minha Mãe estarei na Santa glória um dia". "A todos saciai com vossa glória."*

Senhor, fortalecei nossa Fé e reavivai nossa Esperança, para vivermos vosso Amor e o dos Irmãos.

"Creio na ressurreição da carne e na Vida Eterna. Amém."

ÍNDICE